T0194752

essentials

Essentials liefern aktuelles Wissen in konzentrierter Form. Die Essenz dessen, worauf es als „State-of-the-Art" in der gegenwärtigen Fachdiskussion oder in der Praxis ankommt. Essentials informieren schnell, unkompliziert und verständlich

- als Einführung in ein aktuelles Thema aus Ihrem Fachgebiet
- als Einstieg in ein für Sie noch unbekanntes Themenfeld
- als Einblick, um zum Thema mitreden zu können.

Die Bücher in elektronischer und gedruckter Form bringen das Expertenwissen von Springer-Fachautoren kompakt zur Darstellung. Sie sind besonders für die Nutzung als eBook auf Tablet-PCs, eBook-Readern und Smartphones geeignet.

Essentials: Wissensbausteine aus den Wirtschafts, Sozial- und Geisteswissenschaften, aus Technik und Naturwissenschaften sowie aus Medizin, Psychologie und Gesundheitsberufen. Von renommierten Autoren aller Springer-Verlagsmarken.

Hermann Meier

Die Regeln der Geschäftsordnung

Wie man erfolgreich in Gremien arbeitet

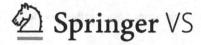

Dr. Hermann Meier
Haan, Deutschland
www.ZurGO.de
meier@zurgo.de

www.ZurGO.de
meier@zurgo.de

Meier, Hermann. 2011. Zur Geschäftsordnung. Wiesbaden: VS-Verlag

ISSN 2197-6708   ISSN 2197-6716 (electronic)
essentials
ISBN 978-3-658-09242-9   ISBN 978-3-658-09243-6 (eBook)
DOI 10.1007/978-3-658-09243-6

Die Deutsche Nationalbibliothek verzeichnet diese Publikation in der Deutschen Nationalbibliografie; detaillierte bibliografische Daten sind im Internet über http://dnb.d-nb.de abrufbar.

Springer VS
© Springer Fachmedien Wiesbaden 2015

Gedruckt auf säurefreiem und chlorfrei gebleichtem Papier

Springer Fachmedien Wiesbaden ist Teil der Fachverlagsgruppe Springer Science+Business Media
(www.springer.com)

Was Sie in diesem Essential finden können

- Wie Sitzungsleitung funktioniert
- Wie Sie die formalen Klippen der Eröffnung souverän umschiffen
- Wie Sie korrekt und unanfechtbar Anträge und Wahlen abwickeln
- Wie Sie mit Geschäftsordnungsanträgen richtig umgehen
- Also: Wie Sie – ob als Leiter oder Teilnehmer – in Gremien, Versammlungen und Sitzungen erfolgreich agieren.

Vorwort

Dieses Werk basiert auf dem Band „Zur Geschäftsordnung" von Hermann Meier, 3. Auflage 2011.

In diesem – erstmals 1976 erscheincnen – Buch werden die Regeln der Geschäftsordnung, Sitzungsleitung und von Diskussion und Debatte ausführlich behandelt; ergänzt wird dies durch eine Fülle von Hinweisen, wie gelegentlich solche Regeln zur Manipulation genutzt werden und wie man sich erfolgreich dagegen wehrt.

Mit seinen Essentials bietet der Verlag die Möglichkeit, den recht umfangreichen Stoff stark konzentriert, zu einem günstigen Preis und auch als eBook anzubieten – so hat man für die Gremienarbeit das Wesentliche noch einfacher zur Hand.

Die im Hauptwerk enthaltenen Ablaufdiagramme, Mustertexte und Links zur weiterführenden Literatur stehen auf der Internetseite www.ZurGo.de bereit.

Inhaltsverzeichnis

Einleitung 1

Das Erarbeiten demokratischer Entscheidungen ist keineswegs auf das weite Feld politischen Handelns begrenzt: Auch die Leitung und Kontrolle von Unternehmen und viele innerbetriebliche Entscheidungen werden in Sitzungen und Konferenzen erarbeitet. Auch in Freizeit und Privatleben entscheiden wir gemeinsam – beispielsweise in Vereinen und ihren Mitgliederversammlungen, im Kirchenvorstand, Elternausschuss und Eigentümerversammlungen sind wir an Entscheidungen und Beschlüssen beteiligt.

Schon früh haben sich Regeln herausgebildet, nach denen solche Sitzungen ablaufen, denn gerade diese mehr oder weniger strengen Grundsätze unterscheiden eine Sitzung vom Palaver am Biertisch und bieten die Voraussetzung dafür, am Schluss ein greifbares Ergebnis zu erzielen.

Dieses Buch ist die Essenz des vor rund 40 Jahren erstmals erschienenen Buchs „Zur Geschäftsordnung", das seitdem mit mehreren Überarbeitungen aktuell gehalten und um die jeweilige (meist bestätigende) Rechtsprechung ergänzt wurde. Es beschreibt die wichtigsten Fragen des korrekten geschäftsordnungsgemäßen Ablaufs einer Sitzung und soll so den Informationsvorsprung der „alten Taktiker" verringern und dem Neuling einen raschen und unkomplizierten Einstieg ermöglichen.

Die im Buch genannten Definitionen und Regeln werden so beschrieben, wie sie allgemeinem Brauch, dem „parlamentarischen Gewohnheitsrecht" entsprechen

© Springer Fachmedien Wiesbaden 2015
H. Meier, *Die Regeln der Geschäftsordnung*, essentials,
DOI 10.1007/978-3-658-09243-6_1

und sich aus Gesetzen[1] und deren Kommentierung und der entsprechenden Rechtsprechung ableiten. Das Buch richtet sich in erster Linie an den juristischen Lai-
en – der an Rechtsfragen Interessierte findet die relevante Rechtsprechung in den
Fußnoten.

In Zweifelsfällen beruft man sich im politischen Bereich bevorzugt auf die
„analoge Anwendung der Geschäftsordnung des Deutschen Bundestages". Aber
auch deren Regeln konnten nicht alle Eventualitäten vorhersehen – Lücken waren
und sind stets so auszulegen waren, dass die Regeln „fair und loyal angewendet
werden"[2].

Formale Abläufe, die sich ungeschrieben in Jahrzehnten entwickelt haben,
kommen in Einzelfällen in leicht individuellen Ausprägungen vor. Solange das
Konsens findet, ist dagegen nichts einzuwenden. Solche abweichenden Traditio-
nen müssen allerdings den Prinzipien der Fairness und der Gleichberechtigung
genügen. Auf dieser Basis wird man ein jegliches andere Vorgehen zu beurteilen
haben.

---

[1] Geschäftsordnung des Deutschen Bundestages (Ritzel und Bücker o. J.; Roll 2001), Versammlungsgesetz (Dietel et al. 2008; Ott und Wächtler 2010), BGB (Vereinsrecht) (Ott
2002; Palandt 2014; Reichert 2009; Waldner et al. 2010), Geschäftsordnung für Rat und
Ausschüsse in NW (Rehn und Cronauge o. J.), Wohnungseigentumsgesetz (Röll und Sauren
2007), Aktiengesetz, Gesetz über die politischen Parteien (Mayer et al. 2014), GmbH-Gesetz
(Rauch 2013).
[2] BverfGE 1, 144 (Geschäftsordnungsautonomie) = NJW 1952, 537.

Im Vorfeld

2

Viele Mitglieder von Vereinsgremien, Parteien und Organisationen glauben, eine Sitzung laufe „von selbst". Doch vom Ort des Geschehens, dem Termin, der Form der Einladung, der Tagesordnung und zahlreichen Kleinigkeiten können Erfolg oder Misserfolg einer Sitzung abhängen.

Deswegen ist jeder, der solche Versammlungen organisiert, gut beraten, bei der Auswahl des Ortes, bei der Einladung und in der Vorbereitung besondere Sorgfalt walten zu lassen.

Erfolgsfaktoren für den Ort sind die Verkehrsverbindungen (Erreichbarkeit mit öffentlichen Verkehrsmitteln, genügend Parkplätze, …), der Versammlungsraum (Größe, Möblierung, Klima, Beleuchtung) und eine zuverlässig funktionierende Technik.

Zu einer guten Vorbereitung gehören je nach Art und Zweck der Versammlung vor allem die erforderlichen Unterlagen (Tagesordnung, Protokoll, ggf. Redemanuskript, Berichte, Tabellen, Stimmzettel, evtl. Namensschilder, Stimmkarten, Eintrittskarten, Teilnehmerliste), Hilfsmittel (Dias/Folien bzw. die entsprechende Datei, Demonstrationsobjekte, „Waschzettel" für die Presse und ggf. Hinweisschilder zum Versammlungsort).

Damit in der Veranstaltung wirklich alles funktioniert und Pannen vermieden oder schnell ausgebügelt werden können, müssen frühzeitig und verbindlich Verantwortliche festgelegt werden – beispielsweise, wer den Versammlungsraum vorbereitet (Bestuhlung/Sitzordnung, Schmuck, Blumen, Tischvorlagen, Notizblocks/Stifte, Aschenbecher, Getränke, Gläser, Tischglocke für den Leiter), wer die technischen Geräte beschafft und ggf. bedient und – bei größeren Veranstaltungen –

© Springer Fachmedien Wiesbaden 2015
H. Meier, *Die Regeln der Geschäftsordnung,* essentials,
DOI 10.1007/978-3-658-09243-6_2

das Tagungsbüro (Besetzung, Hinweisschilder, Namensschilder, Papier für Noti-
zen, Betreuer für Presse und Gäste).

Eher nicht dem Zufall überlassen sollte man, ob sich Kandidaten für die wesentlichen Sitzungsfunktionen finden – vor allem für Sitzungsleitung und Protokoll-
führung – ggf. auch für erforderliche Hilfsfunktionen (Mandatsprüfer, Stimmen-
zähler, Einlasskontrolle, Saaldienst, Ordner).

Die Einzelheiten und vor allem auch die formalen und inhaltlichen Anforderungen an die Einladung und das Aufstellen der Tagesordnung finden Sie in (Meier
2011).

Die Aufgaben des Sitzungsleiters

3

Die Sitzungsleitung kann vier grundlegend verschiedene Positionen einnehmen:

- Der Präsident, der über allem (also auch dem sachlichen Inhalt der Verhandlung) steht und (wie der Schiedsrichter im Fußballspiel) nur auf die Einhaltung der Regeln achtet (Beispiel: Bundestagspräsident).
- Der Sitzungsleiter, der als Mitglied des Gremiums seine Aufgaben wahrnimmt, aber abgesehen von der vorauszusetzenden korrekten Abwicklung auch eigene Interessen und Ziele verfolgt und sich von seinen subjektiven Verpflichtungen gegenüber dem Wohl des Ganzen nicht freimachen kann und will (Beispiel: Vereinsvorsitzender).
- Der Diskussionsleiter, der mit viel Sachverstand und Klugheit einerseits für eine korrekte Abwicklung der Sitzung und andererseits für eine gedanklich gut gegliederte und fruchtbare Verhandlung sorgt (Beispiel: Leiter einer Podiumsdiskussion).
- Der Gesprächsleiter, der zusammen mit den übrigen Teilnehmern für ein vorliegendes Problem eine gemeinsame Lösung erarbeiten will (Beispiel: Konferenzleiter).

Nur selten wird ein Versammlungsleiter einen der genannten Typen in seiner „reinen Form" verkörpern: Meist liegt eine Kombination vor.

Zunächst hat die Versammlungsleitung eine rechtliche Bedeutung:

> ► „Der Leiter bestimmt den Ablauf der Versammlung. Er hat während der Versammlung für Ordnung zu sorgen. Er kann die Versammlung

© Springer Fachmedien Wiesbaden 2015
H. Meier, *Die Regeln der Geschäftsordnung*, essentials,
DOI 10.1007/978-3-658-09243-6_3

jederzeit unterbrechen oder schließen. Er bestimmt, wann eine unter-
brochene Versammlung fortgesetzt wird." (§ 8 Versammlungsgesetz)
(Dietel et al. 2008; Ott und Wächtler 2010).

▶   „Der Vorsitzende eröffnet und schließt die Sitzungen, leitet die Ver-
     sammlungen, sorgt für die Aufrechterhaltung der Ordnung und übt das
     Hausrecht aus." (Aus einer Gemeindesatzung)

In politischen Gremien wird der Vorsitzende in der Regel durch Gesetz oder Satzung feststehen. In öffentlichen Versammlungen ist der Veranstalter und bei Vereinen ihr Vorsitzender gleichzeitig Leiter der Sitzung. Er kann die Leitung einer
anderen Person übertragen[1].

Das Eröffnen und Schließen einer Versammlung ist ein rechtserheblicher Akt:
Nur die zwischen diesen vom Sitzungsleiter gesetzten Zeitpunkten gefassten Beschlüsse sind gültig. Mit der Eröffnung geht auch das Hausrecht auf den Sitzungsleiter über.

Die Verantwortung des Versammlungsleiters richtet sich auf die korrekte Abwicklung des Verfahrens (Eröffnen, Schließen von Debatte und Abstimmung, rich-
tige Reihenfolge und Vollständigkeit der Handlungen) und der Diskussion (Reihenfolge, Redezeit, Sachlichkeit der Darstellung, Verhinderung von Störungen).
Hinzu kommen die für die zügige und sachgerechte Durchführung der Sitzung ggf.
notwendigen Maßnahmen.

Neben dem pauschalen Recht des Sitzungsleiters, den Ablauf der Versammlung
zu bestimmen, stehen dem Sitzungsleiter abgestufte „Ordnungsmaßnahmen" zur
Verfügung: Ermahnung, Rüge, Ordnungsruf, Wortentzug, Verweisung aus dem Sitzungssaal, Unterbrechung der Sitzung, Schließen der Versammlung.

Es versteht sich von selbst, dass man erst dann zur jeweils nächsten Stufe der
zur Verfügung stehenden Mittel greift, wenn schwächere Maßnahmen sich als er-
folglos erweisen. Die Verweisung eines stimmberechtigten Mitgliedes aus dem
Sitzungssaal stellt einen schwerwiegenden Eingriff in seine Mitgliedsrechte dar,
weil sie de facto den Entzug des Stimmrechts bedeutet; sie erfordert eine Störung
erheblichen Ausmaßes.[2] Wenn die Satzung die Übertragung des Stimmrechts zu-
lässt, sollte dem Störer die Gelegenheit dazu gegeben werden, bevor er den Saal
verlässt. Außerdem sollten Anlass und Tatsache der Wortentziehung und ggf. der

---

[1] Selbst wenn die Satzung die Sitzungsleitung durch den Vorsitzenden vorschreibt, kann
(und sollte) dieser zumindest für die Wahlen, an denen er selbst kandidiert, die Versammlungsleitung vorübergehend abgeben, da in einem solchen Fall die Gefahr einer Interessen-
kollision besteht (OLG Köln 31.7.1985 2 Wx 9/85).

[2] BGH NJW 1966, 43.

übrigen Maßnahmen im Protokoll hinreichend ausführlich festgehalten werden, da eine unberechtigte Maßnahme des Sitzungsleiters u. U. einen Anfechtungsgrund gegen die im weiteren Verlaufe der Versammlung gefassten Beschlüsse darstellen könnte.[3]

Abgesehen von seiner Aufgabe, den Ablauf der Versammlung formal korrekt zu leiten und die Ordnung aufrechtzuerhalten, soll der Sitzungsleiter die Verhandlung auch inhaltlich führen. Zu diesem Zweck hat er ein „Initiativrecht": Er kann jederzeit Verfahrensvorschläge vortragen und danach verfahren, wenn nicht die Versammlung widerspricht; sonst muss er seinen Vorschlag wie einen Geschäftsordnungsantrag (vgl. Kap. 5) behandeln.

Es gehört zu den originären Aufgaben des Sitzungsleiters, die Meinungsbildung und Meinungsfindung durch geeignete Handlungen zu fördern: So wird gerade der fachlich und sachlich kompetente Sitzungsleiter durch Zusammenfassen, das Aufzeigen von bis dahin nicht behandelten Fragestellungen und ein Ordnen der verschiedenen Themenkomplexe die Meinungsbildung erleichtern. Er wird eine breite Beteiligung am Meinungsbildungsprozess fördern, indem er schüchterne Teilnehmer ermutigt, ihre Ansicht vorzutragen und Vielredner eher etwas bremst (Kelber 1977).

Er soll bei Anträgen Formulierungshilfe leisten, gleichartige zusammenfassen und unklare präzisieren. Oft wird er selbst aus der Diskussion heraus einen Antrag vorschlagen.

Es versteht sich von selbst, dass der Sitzungsleiter bei alledem auf strikte Unparteilichkeit zu achten hat. Nichts anderes bringt mehr Unfrieden, Unzufriedenheit und ungesunde Spannung in eine Versammlung als ein manipulierender Leiter.

Die Aufgaben und Möglichkeiten des Sitzungsleiters bei Diskussionen und Debatten werden in (Meier 2011) und (Meier 2015) ausführlich beschrieben.

---

[3] Der Saalverweis selbst kann nicht angefochten werden, nur Sachbeschlüsse, die nach einem ungerechtfertigten Ausschluss zustande gekommen sind. Die Anfechtung wird aber nicht zum Erfolg führen, wenn der Beschluss nicht auf dem Verstoß beruht (BGHZ 36, 121).

Die Sitzung

4

4.1 Die Eröffnung

Eine Sitzung kommt erst durch eine formelle Eröffnung durch den Sitzungsleiter zustande. Die formelle Eröffnung grenzt das unverbindliche Plaudern von der eigentlichen Versammlung bzw. Sitzung ab: Mit der Eröffnung wird das Beisammensein von Mitgliedern zum Organ Mitgliederversammlung. Alles was nun geschieht, hat eine andere Qualität. Der Zeitpunkt der Eröffnung ist daher im Protokoll festzuhalten.

Erst die Eröffnung bewirkt, dass die folgenden Handlungen rechtserhebliche Bedeutung haben. Zugleich setzt die Ordnungsgewalt des Sitzungsleiters (siehe Kap. 3) ein.

Vor Eintritt in die Tagesordnung werden die form- und fristgerechte Einberufung und die Beschlussfähigkeit festgestellt. Hier können Einwände gegen die Ordnungsmäßigkeit der Einberufung vorgetragen werden. Unterlässt ein anwesendes Mitglied die Rüge einer nicht ordnungsgemäßen Einberufung, kann daran die Anfechtung scheitern.[1]

In vielen Fällen müssen ein Versammlungsleiter gewählt und andere Funktionen besetzt werden. Erst nach der Genehmigung der Tagesordnung und des Protokolls und kann man dann „zur Sache" kommen.

Man sollte Versammlungen pünktlich beginnen, selbst wenn noch Nachzügler zu erwarten sind: Denn sonst werden die Pünktlichen für die Nachlässigkeit der anderen bestraft, und wertvolle Zeit geht verloren.

---

[1] BayObLG NJW-RR 1992, 911.

© Springer Fachmedien Wiesbaden 2015
H. Meier, *Die Regeln der Geschäftsordnung,* essentials,
DOI 10.1007/978-3-658-09243-6_4

Die Eröffnung der Sitzung erfolgt nach dem Merkwort „Anerbe":
Anrede: („Liebe Vereinskameraden!")
Eröffnung: („Ich eröffne unsere diesjährige Mitgliederversammlung")
Begrüßung: („… und darf Euch hierzu begrüßen und herzlich willkommen heißen.")

Man schafft mit ein paar positiven Worten (Dank für das Kommen, Hinweis auf gemütliches Tagungslokal und dergl.) eine angenehme Atmosphäre.

An die Eröffnung kann sich die Begrüßung eines Ehrengastes (Redeker 2012), von anderen Gästen und neuer Mitgliedern anschließen; hierher gehören Nachrufe für Verstorbene, es folgen ggf. Gratulationen und familiäre Mitteilungen (z. B. Geburt des ersten Kindes) und etwaige Grußbotschaften oder Mitteilungen von Mitgliedern, die sich haben entschuldigen lassen.

4.2 Die Feststellung der Beschlussfähigkeit

Die Beschlussfähigkeit ist das Erreichen oder Überschreiten eines durch Satzung oder Geschäftsordnung festgelegten Anteils der Zahl aller Stimmberechtigten. Damit soll vermieden werden, dass Minderheiten weitreichende Beschlüsse fassen. So sind Beschlüsse der Wohnungseigentümer nach WEG nur wirksam, wenn mehr als die Hälfte der Miteigentumsanteile vertreten ist.

Die Beschlussfähigkeit ist zu Beginn der Sitzung festzustellen und gilt so lange als bestehend, wie sie nicht angezweifelt und als nicht mehr gegeben festgestellt wird.[2]

Der Versammlungsleiter muss also zu Beginn der Sitzung (z. B. durch Auszählen der Teilnehmerliste) prüfen, ob genügend Stimmberechtigte anwesend sind. Ebenfalls muss bei nicht-öffentlich zu behandelnden Punkten sichergestellt sein, dass keine Gäste anwesend sind.

Die Sitzung kann erst dann Beschlüsse fassen, wenn die Beschlussfähigkeit erreicht ist. Bei kleinen Versammlungen ist die Feststellung kein Problem (man braucht nur durchzuzählen), schwierig kann es bei größeren Versammlungen und Tagungen werden.[3]

Ist die Beschlussfähigkeit erst einmal gegeben, geht man solange davon aus, dass sie fortbesteht, bis das Gegenteil festgestellt wird. Wenn allerdings für alle

---

[2] In der Rechtsprechung zum WEG wird dies enger gesehen. Hiernach muss die Beschlussfähigkeit zum Zeitpunkt des Beschlusses gegeben sein.

[3] Bei der Wohneigentümerversammlung nach WEG muss gemäß § 25 Abs. 3 WEG für die Beschlussfähigkeit mehr als die Hälfte der Miteigentumsanteile (nicht der Wohnungseigentümer!) vertreten sein. Das erfordert vor allem bei größeren Eigentümergemeinschaften eine sorgfältige Protokollierung und Überwachung der Anwesenheit.

Anwesenden feststeht, dass die vorgeschriebene Anzahl unterschritten ist, kann sich von diesem Zeitpunkt an niemand mehr auf die Fiktion der Beschlussfähigkeit berufen.

Aber: Die formelle Feststellung der Beschlussunfähigkeit im Laufe der Sitzung hat keine Rückwirkung auf Beschlüsse, die zeitlich vor dieser Feststellung liegen. Diese Beschlüsse sind wirksam zustande gekommen.

Wenn ein Teilnehmer die Beschlussfähigkeit durch GO-Antrag anzweifelt, muss gezählt werden. Ist die Beschlussfähigkeit nicht mehr gegeben, hat der Sitzungsleiter die Sitzung sofort zu schließen.

Oft werden die Bestimmungen über die Beschlussfähigkeit umgangen, indem man nur noch „Abstimmungen per Akklamation" (siehe Seite 40) durchführt. Oder man fragt in der offenen Abstimmung nur noch nach Gegenstimmen und Enthaltungen und gibt im Protokoll dann lediglich an, „mit (großer) Mehrheit angenommen" oder „mit 4 Gegenstimmen bei 2 Enthaltungen angenommen".

Möglicherweise wird aber der Sitzungsleiter schon zu Beginn der Sitzung vor dem Problem stehen, dass zum angesetzten Termin nicht genügend Mitglieder erschienen sind. Er kann nun noch das „akademische Viertel" abwarten, doch spätestens dann muss er verkünden, dass die Sitzung mangels Beschlussfähigkeit nicht zustande kommt. Manche Satzungen sehen vor, dass dann die nächste Sitzung auf jeden Fall beschlussfähig ist – dazu muss aber fristgerecht eingeladen werden. Möglichkeiten, die Situation dennoch konstruktiv zu nutzen, finden sich in (Meier 2011).

4.3 Die Wahlen für die Sitzungsfunktionen

Jede Versammlung muss neben dem Leiter einen Protokollanten haben und oft weitere Helfer, die den reibungslosen Ablauf sichern (Beispiel: Wahlausschuss). Daher werden zu Beginn vieler Versammlungen zunächst die für die laufende Sitzung Verantwortlichen gewählt.

In der Regel führt der Einladende diese Wahlen nach der Eröffnung und der Feststellung der Beschlussfähigkeit durch und übergibt dann den Vorsitz an den gewählten Sitzungsleiter. Der wird dann die weiteren Ämter wählen lassen und in der Tagesordnung fortfahren

Wie Wahlen grundsätzlich abgewickelt werden, ist in den Kap. 4.8 ausführlich dargestellt. Steht für ein Amt nur ein Kandidat zur Verfügung, gilt er als gewählt, sofern nicht widersprochen wird. Gibt es Widerspruch, muss über den Kandidaten abgestimmt werden (dafür – dagegen – Enthaltung).

Bei den Wahlen für die Sitzungsfunktionen reicht grundsätzlich die relative Mehrheit, sofern es in Satzung oder GO nicht explizit anders geregelt ist.

4.4 Die Genehmigung der Tagesordnung (TO)

Ein Standardpunkt fast jeder TO ist die „Genehmigung der Tagesordnung".

Der Einladende hat lediglich das Vorschlagsrecht; die Versammlung ist in der Gestaltung der TO frei, wenn die Satzung nichts anderes bestimmt. Der Sitzungsleiter wird also diesen Punkt aufzurufen haben, auch wenn auf dem Vorschlag des Einladenden die „Genehmigung der Tagesordnung" nicht aufgeführt war; in diesem Fall tut er das „vor Eintritt in die TO".

Schon der mit der Einladung versandte Tagesordnungsvorschlag muss die zu behandelnden Themen ihrem wesentlichen Inhalt nach grundsätzlich so klar umreißen sein, dass jedes Mitglied seine Bedeutung erfassen, eine sinnvolle Entscheidung über die Notwendigkeit seiner Anwesenheit treffen und, wenn es dies wünscht, in die Meinungsbildung darüber eintreten kann, wie es sich in der Abstimmung verhalten will.[4]

In vielen Gremien ist es üblich (oder sogar in der Satzung/Geschäftsordnung explizit festgelegt), dass nur Themen behandelt werden dürfen, die vor Ablauf der Einladungsfrist bekannt gemacht wurden.[5, 6]

Für Vereine sind regelmäßige Mitgliederversammlungen vorgeschrieben; das folgende Muster zeigt eine typische Tagesordnung.

Vorschlag zur Tagesordnung
367. Hauptversammlung
des Vereins zur Beseitigung des Vereinslebens e. V. am 15.10.2014
1. Wahl des Versammlungsleiters
2. Wahl des Protokollführers
3. Genehmigung der Tagesordnung
4. Genehmigung des Protokolls der 366. Hauptversammlung
5. Bericht des Vorstandes
6. Bericht der Kassenprüfer
7. Entlastung des Vorstands und der Kassenprüfer
8. Wahl des Vorstands und der Kassenprüfer
9. Antrag auf Satzungsänderung

---

[4] BGH 10.10.1988 II ZR 51/88=NJW-RR 89, 376.

[5] BGH 17.11.1986 II ZR 304/85=NJW 87, 1811.

[6] Allerdings müssen Gegenstände, die sich auf das Verfahren beziehen – z. B. die Wahl des Versammlungsleiters – nicht unbedingt im TO-Vorschlag angekündigt werden (BayObLG 9.2.1965=NJW 1965, 821).

10. Antrag auf Beitragserhöhung
11. Antrag auf Anschaffung eines neuen PC
12. Antrag auf Ausschluss eines Mitglieds (E. Müller)
13. Aufnahme neuer Mitglieder
14. Aussprache über den nächsten Sitzungstermin
15. Verschiedenes
Anlagen:
TOP 4: Protokoll der 366. Hauptversammlung
TOP 9: 10, 11, 12: Antragstexte
TOP 5: Statistiken zum Bericht
TOP 13: Aufnahmeanträge (6 Kopien).

Es hat sich eingebürgert, statt des Wortes „Tagesordnungspunkt" kurz „TOP" zu sagen.

Die Reihenfolge der TOPs sollte man nicht dem Zufall überlassen. Je überlegter die Tagesordnung aufgebaut ist, und je weniger Angriffspunkte sie bietet, umso eher vermeidet man unerfreuliche und unnötige Debatten zu Beginn der Sitzung.

Grundsätzlich empfiehlt es sich, die unproblematischen und die dringenden Anträge an den Anfang zu stellen, die unproblematischen, damit sie bei Schluss der Sitzung auf jeden Fall erledigt sind, und die dringenden, damit sichergestellt ist, dass sie behandelt werden.

Man wird weiterhin Anträge, die voneinander abhängen, in einem gemeinsamen TOP aufführen oder aber unmittelbar nacheinander behandeln.

Im Rahmen der Genehmigung der Tagesordnung ist Gelegenheit, Unvollkommenheiten zu korrigieren. Die Anträge umfassen das Absetzen von Gegenständen von der TO sowie die Änderung der Reihenfolge der TOPs. Der Änderungswunsch entspricht einem „Antrag zum Verfahren" und erfordert die einfache Mehrheit der Stimmen.

Einstimmigkeit oder eine Zweidrittelmehrheit fordern viele Satzungen, wenn völlig neue Punkte auf die TO gesetzt werden sollen (Initiativantrag, Dringlichkeitsantrag). Dies gilt besonders dann, wenn die Satzung bestimmte Fristen für Anträge zur TO vorsieht. Bei Vereinen lässt § 32 Ziff. 1, Satz 2 BGB solche Anträge nicht zu[7].

Duldet eine Angelegenheit keinen Aufschub, so ist allenfalls an die Möglichkeit einer vorläufigen Regelung zu denken, die aber keinesfalls der Entscheidung der einzuberufenden neuen Versammlung vorgreifen darf[8]

Spätestens zur Sitzung sollte jeder Teilnehmer den TO-Vorschlag vor sich haben – entweder bei seinen Unterlagen oder z. B. auf einer gut sichtbaren Tafel bzw.

---

[7] BGH 17.11.1986 II ZR 304/85=NJW 1987, 1811.

[8] ebd.

als Beamer-Bild auf der Leinwand. Die Bekanntgabe des Vorschlages durch Verlesen ist eine Zumutung für die Beteiligten.

Maßgebend ist der vorliegende TO-Entwurf. Alle gewünschten Änderungen sind als konkrete, unmissverständliche Änderungsanträge zu stellen und werden nur in dieser Form akzeptiert und abgestimmt. Der Sitzungsleiter sollte hier Hilfestellung leisten, indem er Anträge, die einen ähnlichen Zweck verfolgen, zusammenfasst und Anträge, die einander widersprechen, zur Klärung der Mehrheitsverhältnisse und Abkürzung des Verfahrens vorab abstimmen lässt.

Bei der Genehmigung der TO werden zuerst etwaige Punkte eingefügt, die laut Satzung oder Gesetz notwendig sind, im Vorschlag aber vergessen wurden. Die restlichen Änderungswünsche arbeitet man am besten in der Reihenfolge des Eingangs der Anträge ab, wenn alle Anträge sauber formuliert vorliegen.

Abschließend ist die Gesamtabstimmung zur Genehmigung der TO durchzuführen (Ausnahme: bei angenommenem Gegenentwurf).

4.5   Die Genehmigung des Protokolls

▶ Protokoll oder Niederschrift ist die schriftliche Dokumentation des Sitzungs- und Diskussionsverlaufs, der gefassten Beschlüsse und Abstimmungsergebnisse.[9]

Das Protokoll ist das „Gedächtnis" eines Gremiums. Es hat die Funktion,

*   Personen, die nicht an der Veranstaltung teilnehmen konnten, über alles wesentliche Geschehen in der Sitzung zu informieren,
*   Beschlüsse und Wahlergebnisse festzuhalten,
*   Aufgaben und Zuständigkeiten zu veröffentlichen und
*   offene Punkte (für die nächste Sitzung) in Erinnerung zu halten.

Das Protokoll ist den Teilnehmern – ggf. unter Berücksichtigung vereinbarter Vertraulichkeit – zugänglich zu machen – im Wohneigentumsrecht spätestens eine Woche vor Ablauf der einmonatigen Anfechtungsfrist für Beschlüsse.[10]

---

[9] Unterschiedliche Protokollformen und die Anforderungen an ein korrektes Protokoll finden Sie in (Meier 2011).
[10] BayOLG, Beschluss vom 11.04.1990, Az.: 2 Z 35/90; anstelle des Protokolls genügt auch die Versendung einer „Beschlusssammlung", aus der sämtliche Beschlüsse der Versammlung hervorgehen.

Das Protokoll bedarf in vielen Gremien der Genehmigung. Die Satzung kann eine stillschweigende Genehmigung als gültig festlegen, wobei eine angemessene Frist für Einsprüche vorzusehen ist.

Genehmigte Protokolle haben Beweiskraft. Sie sind die maßgebliche Unterlage, die in Streit- und Zweifelsfällen heranzuziehen sind. Die Genehmigung des Protokolls ist daher keine „reine Formsache".

Der Versammlungsleiter stellt die Frage nach Einwänden gegen das Protokoll. Bleiben diese aus, so gilt es auch ohne Abstimmung als genehmigt. Wichtig ist, dass diese Tatsache vom Sitzungsleiter festgestellt und im neuen Protokoll vermerkt wird (Beweiskraft!). Vorgebrachte Einwände wird man diskutieren bzw. ohne Diskussion übernehmen, wenn niemand widerspricht. Andernfalls stimmt man über die Änderungswünsche (einzeln!) ab.

Ein rechtlicher Anspruch auf Berichtigung des Protokolls besteht allerdings nur, wenn ein Teilnehmer rechtswidrig beeinträchtigt wird oder eine erhebliche Erklärung falsch protokolliert wurde[11].

Es gilt stets der Grundsatz, dass bei der formellen Genehmigung des Protokolls auch Teilnehmer stimmberechtigt sind, die auf der betreffenden Sitzung nicht anwesend waren.

Vergessen Sie nicht die Gesamtabstimmung über das (evtl. geänderte) Protokoll. Es erlangt damit sofort Gültigkeit.

4.6   Berichte

In der Regel wird zu Beginn z. B. von der Jahresversammlungen ein Bericht des Vorstands und ggf. der Kassenprüfer stehen. An diesen Bericht können sich Fragen an den Berichterstatter und eine Aussprache über den Bericht, die in ihm behandelten Themen oder den Zeitraum, den er umfasst, anschließen.

Genaugenommen ist der TOP „Bericht des Vorstandes" entweder ein Antrag auf Kenntnisnahme dieses Berichts oder Vorspann bzw. Aussprache über den folgenden Antrag auf Entlastung.

---

[11] BGH 23.8.2001 V ZB 10/01 NJW, 2001, 3339 ff.

4.7   Die Entlastung

Am Ende eine Geschäftsjahres und vor einer Neuwahl der Verantwortlichen sieht
die Satzung meist eine „Entlastung" der bisherigen Amtsinhaber vor: Entlastung
ist die Abstimmung über die Frage, ob der Amtsträger seinen Pflichten ordnungs-
mäßig nachgekommen ist und von seinen im Rahmen des Amtes übernommenen
Aufgaben und Verpflichtungen nach Ablauf seiner Amtszeit abschließend entbun-
den werden kann. Rechtlich bedeutet die Entlastung lediglich den Verzicht auf etwaige Ersatzansprüche, die bei sorgfältiger Prüfung erkennbar waren[12] – d. h. für
alle bekannten oder erkennbaren Fehlhandlungen haftet der Entlastete nicht mehr.
    In den meisten Gremien sind im Vorjahr Kassenprüfer, Revisoren o. dgl. ge-
wählt worden, die vor der Sitzung die Unterlagen geprüft und sich eine Meinung
gebildet haben. Sie werden darüber berichten und dann empfehlen, die Entlastung
zu erteilen oder zu verweigern.
    Geschäftsordnungsmäßig ist die Entlastung ein Sachantrag und wird entspre-
chend behandelt (s. Kap. 4.9). In der Regel werden die Kassenprüfer den Antrag
auf Entlastung stellen. Der zu entlastende Amtsinhaber ist dabei nicht stimmberechtigt, da die Entlastung ein Rechtsgeschäft zwischen dem zu Entlastenden und
dem Verein darstellt, weil der Verein mit diesem Beschluss darauf verzichtet, den
Entlasteten in Haftung zu nehmen (§ 34 BGB).
    Vertiefende rechtliche Hinweise zum Thema Entlastung sind in der Literatur
zum Vereinsrecht (Burhoff 2014; Ott 2002; Reichert 2009; Waldner et al. 2010)
zu finden.

4.8   Der Tagesordnungspunkt Wahlen

An die Berichte und Entlastungen schließen sich häufig zunächst die Wahlen an.
Eine Wahl ist genaugenommen die Beschlussfassung über die Besetzung eines
Amtes.
    Wahlen betreffen stets Menschen unmittelbar und „höchstpersönlich". Deshalb
erfordern vor allem die Wahlhandlungen besondere Sorgfalt und korrektes Vorgehen.

▶   Das aktive Wahlrecht ist das Recht, an der Wahl durch Stimmabgabe
    bestimmend mitzuwirken, das passive Wahlrecht ist das Recht, sich

---

[12] BGH NJW-RR 88, 748.

in einer Wahl als Kandidat zur Verfügung zu stellen und gewählt zu werden.

▶   Aktives und passives Wahlrecht werden durch die Satzung geregelt
     bzw. gelten analog den Bestimmungen über das Stimmrecht.

Sofern die Satzung nichts anderes vorsieht, genügt für Wahlen die einfache Mehrheit der Stimmen.

Die Aussprache über die Wahl erfolgt in der Regel in nichtöffentlicher Sitzung. Ihr Inhalt ist vertraulich zu behandeln. Sie findet in Abwesenheit der Kandidaten statt. Geschäftsordnungsanträge, die auf den Abschluss der Personaldebatte zielen, sind unzulässig.

Die Wahl bedarf zu ihrer Wirksamkeit der Zustimmung des Gewählten.

Bei Beschlüssen, die ein Rechtsgeschäft mit einem Mitglied betreffen, ist dieses nicht stimmberechtigt. Dies gilt jedoch nicht für das Wahlrecht. Jedes Mitglied kann also sich selbst wählen.

Häufig sehen Satzungen für Wahlen eine qualifizierte Mehrheit vor, z. B. die „einfache Mehrheit", also mehr als die Hälfte der abgegebenen gültigen Stimmen (vgl. Kap. 7). Falls einige oder alle Kandidaten dieses Ziel nicht erreichen, sieht die Satzung meist eine Stichwahl unter den Kandidaten mit den meisten Stimmen vor. Dann wird man nach dem ersten Wahlgang diejenigen Ämter erneut zur Wahl stellen, die mangels entsprechender Mehrheit nicht besetzt werden konnten. Gelegentlich sieht die Satzung ausdrücklich vor, dass in einem solchen weiteren Wahlgang die relative Mehrheit ausreicht. Ist das nicht der Fall, sind nur Kandidaten gewählt, die mit der satzungsgemäßen Mehrheit gewählt wurden.[13]

Wahlverfahren (Wahlmodus)

Wenn auch die Wahl dem Inhalt nach nichts anderes als eine Beschlussfassung (nämlich die über die Besetzung eines Amtes) darstellt, haben sich in der Praxis einige besondere Gepflogenheiten und Verfahren entwickelt, die den Besonderheiten der Wahl gerecht werden.

Welches Wahlverfahren im konkreten Einzelfall heranzuziehen ist, richtet sich nach der Satzung. Fehlt eine solche Regelung und gibt es auch keine langjährige Praxis, entscheidet der Sitzungsleiter nach pflichtgemäßem Ermessen.

---

[13] OLG München, NJW-RR 2008, 993.

Gebräuchliche Wahlverfahren sind insbesondere

Briefwahl

Auf vorbereiteten Stimmzetteln wird außerhalb einer Sitzung oder Versammlung in der Regel durch Ankreuzen die gewünschte Liste/Kandidat gewählt und der Stimmzettel nach bestimmten Regeln behandelt. (Wird hier nur der Vollständigkeit halber erwähnt.)

Wahl per Akklamation

Die Wahl ist erfolgt, wenn auf die Frage des Sitzungsleiters: „Gibt es Bedenken gegen die Wahl des (der) Kandidaten XYZ?" kein Einwand vorgetragen wird. Ein ausdrückliches positives Votum ist also nicht erforderlich. Diese Form ist bei „unproblematischen" Wahlen (z. B. zum Protokollführer) angebracht, wenn nur ein – offenbar allseits anerkannter – Vorschlag vorliegt.

Bei allen unproblematischen Wahlen, bei denen eine Auswahl zwischen mehreren Kandidaten erfolgt oder die zahlenmäßige Feststellung der Stimmenanzahl erforderlich ist oder verlangt wird, verwendet man die

Wahl durch offene Abstimmung

Die Wahl erfolgt durch Aufruf der Kandidatennamen und offene Abstimmung (per Handzeichen o. ä. – vgl. Seite 40)

Wahl durch namentliche Abstimmung

Der Sitzungsleiter ruft jeden aktiv Wahlberechtigten auf, der ihm auf Zuruf den/die Kandidaten seiner Wahl benennt.

Wahl mit verdeckten Stimmzetteln

Auf (vorbereiteten) Stimmzetteln legt der Wahlberechtigte, vor den übrigen Teilnehmern verborgen, die Kandidaten seiner Wahl durch Ankreuzen der Namen oder einer Liste oder sonstige eindeutige Willensbekundungen fest.

Wahl per Abstimmung „En bloc"

Liegen exakt so viele Vorschläge vor, wie Ämter zu besetzen sind, und herrscht Einigkeit über die Zuordnung der Personen zu den zu besetzenden Ämtern, können mehrere Kandidaten im gleichen Wahlgang „en bloc" gewählt werden. Die Ablehnung auch nur eines Kandidaten durch nur einen Wahlberechtigten erfordert allerdings die Durchführung der Einzelabstimmung. Dem Wunsch eines Wahlberechtigten, die Wahl eines Kandidaten „aus dem Block zu nehmen", ist daher stets zu entsprechen.

Diese Form der Wahl wird meist in offener Abstimmung oder per Akklamation durchgeführt.

Listenwahl

Zur Wahl stellen sich mehrere Kandidatenlisten, von denen jede mindestens so viele Bewerber enthalten soll, wie Ämter zu besetzen sind. Die Wähler entscheiden sich dann für eine Liste. Die Ämter werden nach der Wahl nach dem Verhältnis der auf die Listen entfallenen Stimmen entsprechend der Reihenfolge der Bewerber auf der Liste besetzt.

Die Wahl erfolgt in der Regel mit verdeckten Stimmzetteln, auf denen ein zuvor verabredeter Listenname oder die zuvor bekannt zu gebende laufende Nummer der zu wählenden Liste zu vermerken oder anzukreuzen ist.

Die Wahl oder Nichtwahl einzelner Bewerber einer Liste ist bei diesem Verfahren nicht möglich. Wie viele Sitze nach der Wahl auf die einzelnen Listen entfallen, richtet sich nach dem Verhältnis der Stimmen der Listen zueinander. Die hierbei üblichen Verfahren (das „d'Hondtsche Höchstzahlverfahren", das Hare'sche Verfahren und das Verfahren nach Saint Lague/Schepers) werden in (Meier 2011) beschrieben und mit Beispielen erläutert. Dort finden sich unter dem Stichwort „Zugreifverfahren" auch Hinweise darauf, wie Unterausschüsse zu besetzen sind.

Liegt nur eine gültige Liste vor, so gelten die aufgeführten Kandidaten als zur Einzelabstimmung vorgeschlagen. Dann müssen also einzelne Kandidaten gewählt (angekreuzt) werden. Hier gelten dann die im Folgenden beschriebenen Regeln für die

Blockwahl

Aus einer Vorschlagsliste hat der Wähler eine festgelegte Anzahl von Kandidaten z. B. durch Ankreuzen auszuwählen: Manchmal ist in der Satzung oder Geschäftsordnung eine Mindestanzahl, meist auch eine Maximalzahl von Kreuzen festgelegt. Werden dann mehr oder weniger Kandidaten angekreuzt, ist der Stimmzettel ungültig.

Gewählt sind, soweit die Satzung nichts anderes vorsieht, die Kandidaten mit den meisten Stimmen, bei Stimmengleichheit erfolgt eine Stichwahl in Form der Einzelabstimmung.

Der Vorteil der Blockwahl liegt in der schnellen Besetzung mehrerer Ämter. Rechtlich spricht nichts gegen ein solches Verfahren, wenn es in der Wirkung einer entsprechenden Zahl von Einzel-Wahlgängen entspricht.[14]

---

[14] BGH 12.12.88 AnwZ(B) 45/88=NJW 1989, 1150.

Die Abwicklung jeder Wahl ist grundsätzlich dreigeteilt:

- Ankündigung, Vorschlag und Vorstellung der Kandidaten
- Aussprache
- Wahlakt und Bekanntgabe.

Den Ablauf als Flussdiagramm finden Sie zum Ausdrucken auf www.ZurGO.de und in (Meier 2011).

Für jedes zur Wahl stehende Amt ist je ein Wahlgang einzeln zu eröffnen; der Wahlgang beginnt dann mit Informationen über die zu besetzenden Funktionen, evtl. wird der Name des bisherigen Amtsträger und der Grund für die Neuwahl angegeben. Sodann sind etwaige Satzungsregeln, Mehrheiten, evtl. Fristen, Wahlrecht, Wahlmodus bekanntzugeben.

Soweit vorhanden werden Wahlvorschläge verlesen – meist erfolgt das aber in der Versammlung „auf Zuruf", wenn nicht die Satzung eine schriftliche Nominierung und/oder eine bestimmte Mindestzahl von unterstützenden Mitgliedern vorsieht.

Da niemand zur Kandidatur gezwungen werden darf, werden die Kandidaten nach ihrem Einverständnis gefragt. Nicht anwesende Kandidaten müssen ihre Bereitschaft zuvor schriftlich erklärt haben. Die Erklärung wird Bestandteil des Protokolls.

Es können nur Kandidaten gewählt werden, die das passive Wahlrecht besitzen (Seite 16f). Dies ist vorab zu prüfen.

Liegen alle Vorschläge vor, schließt sich – falls gewünscht – eine Vorstellung und Aussprache über die Kandidaten an. Die Versammlung entscheidet, ob dies im Beisein der Kandidaten erfolgen soll.

Die Aussprache selbst soll förmlich eröffnet und geschlossen werden, um sie vom formalen Teil eindeutig abzugrenzen. Sie läuft im Übrigen nach den gleichen Regeln ab wie eine Sachdebatte. Allerdings sind in Personaldebatten Anträge auf Schluss der Debatte oder dergleichen nicht zulässig.

Nach Abschluss der Aussprache werden die Kandidaten, die den Raum verlassen haben, wieder hereingebeten, damit sie sich an der Wahl beteiligen können.

Der Wahlakt als solcher ist formal zu eröffnen und zu schließen.

Zu Beginn verliest der Versammlungsleiter die Vorschlagsliste – meist in alphabetischer Reihenfolge. Bei Listenwahl ist auch die Listennummer und ggf. ein Listenname bekannt zu geben. Ist eine Tafel vorhanden oder hat man einen Projektor oder Beamer zur Verfügung, wird man die Vorschlagsliste für alle sichtbar anschreiben.

Es empfiehlt sich, zu Anfang die anfangs schon angesprochenen Besonderheiten (Wahlmodus, …) erneut anzusprechen.

Bei schriftlicher Abstimmung müssen insbesondere folgende Punkte geklärt sein und vorgetragen werden:

- Wie viele Stimmen kann bzw. muss der einzelne Wahlberechtigte abgeben (Sammelabstimmung)?
- Stimmenhäufung (un)zulässig?
- Enthaltung (un)zulässig, (un)gültig, leerer Umschlag oder Stimmzettel, Nichtbeteiligung?
- Form und Aufbau des Stimmzettels, Art der Willensbekundung (ankreuzen, unterstreichen,…)?
- Ort und Besonderheiten bei der Stimmzettelabgabe?
- Erweiterung durch Hinzufügen bzw. Einschränken durch Streichung von Namen auf der Sammelabstimmungsliste zulässig?

Je nach Wahlmodus wird der eigentliche Wahlakt unterschiedlich verlaufen. Vor allem bei den schriftlich durchgeführten Wahlverfahren muss der Wahlakt deutlich eingegrenzt werden: Die Eröffnung und das Schließen des Wahlakts sind wesentliche Schritte: Nur innerhalb dieses Zeitraums dürfen Stimmen entgegengenommen bzw. registriert werden (Briefwahlstimmen sind ausgenommen, die vorher nach Registrierung durch z. B. den Wahlausschuss bereits in die Urne gelegt worden waren).

Vor dem Schließen der Abstimmung muss der Sitzungsleiter bei schriftlicher Wahl an die Versammlung die Frage richten, ob jeder seinen Stimmzettel abgegeben hat, und darf erst nach angemessener Wartezeit den Wahlakt schließen. Danach eingehende Stimmzettel dürfen nicht mehr berücksichtigt werden, auch wenn die Auszählung noch nicht begonnen hat!

Mit dem Auszählen wird unmittelbar nach Schließen des Wahlakts begonnen. Meist wird man die Stimmen zunächst ungeöffnet zählen (Zahl der abgegebenen Stimmen) und dann nach Kandidaten/ungültig/Enthaltung sortieren, zählen und das Ergebnis auf Stimmigkeit überprüfen: Die Summe der Voten muss der Zahl der abgegebenen Stimmen entsprechen. Ergibt sich eine Differenz, heißt es Nachzählen! Man achte auf leere Umschläge, die je nach Ankündigung als ungültig, Enthaltung oder als nicht abgegebene Stimme zählen (siehe Erläuterungen in Kap. 6.1).

Das Auszählen ist unter Aufsicht des Sitzungsleiters von mindestens zwei Mitgliedern durchzuführen. Oft besteht die Vorschrift, dass die Auszählung öffentlich zu erfolgen hat, damit jedem die Möglichkeit der Kontrolle offen steht.

Dabei müssen auch Versuche, Stimmzettel hinzuzufügen, wegzunehmen oder zu ändern, mit Sicherheit verhindert werden. Auch nach der Auszählung darf man die Stimmzettel nicht herumliegen lassen, denn sie sind bei einer Anfechtung das einzige Beweismittel: Die Stimmzettel werden vom Protokollführer in Empfang genommen und mindestens bis zur Genehmigung des Protokolls der Sitzung unter Verschluss (versiegelter Briefumschlag) aufbewahrt. Stimmzettel sind Urkunden. Jede nachträgliche Änderung wäre Urkundenfälschung (§ 267 StGB)!

Es folgt die Würdigung der Auszählungsergebnisse: Ist in GO oder Satzung keine andere Regelung getroffen und hat sich keine andere Gewohnheit herausgebildet, so gelten für Wahlen die gleichen Anforderungen an die zur Beschlussfassung nötige Mehrheit wie bei den übrigen Abstimmungen (s. Kap. 6).

Gewählte Kandidaten werden gefragt, ob sie die Wahl annehmen. Liegt eine schriftliche Einverständniserklärung vor, entfällt diese Frage. Die Erklärung wird zu Protokoll genommen.

Der Versammlungsleiter verkündet nunmehr das Ergebnis und schließt den Wahlgang.

Sind noch weitere Wahlen durchzuführen, wird man den nächsten Wahlgang eröffnen und das gesamte Verfahren in gleicher Weise erneut abwickeln.

4.9   Die Behandlung von Sachanträgen

Ohne Entscheidungen geht es im menschlichen Zusammenleben nicht: Im demokratischen System müssen diese Entscheidungen von Gremien erarbeitet und per Beschluss getroffen werden. Basis der Beschlüsse sind die Anträge.

> ► Ein Antrag ist das mündlich oder schriftlich vorgetragene Begehren, eine Handlungsanweisung durch Abstimmung zur Gültigkeit zu führen.

Der Antrag kann nur von laut Satzung oder GO Antragsberechtigten gestellt werden.

Ein Antrag ist nur zulässig, wenn die ihm zugrundeliegende Anweisung im Handlungsbereich der Versammlung liegt. Dies gilt nicht für Entschließungen („Resolutionen"), die lediglich eine Stellungnahme oder eine Aufforderung oder Bitte an ein anderes Organ oder Gremium beinhalten.

Anträge sind unmissverständlich und so zu formulieren, dass sie mit Ja oder Nein (Dafür oder Dagegen) zu beantworten sind.

Ein Änderungsantrag liegt vor, wenn Wortlaut, Form der Umstände (Zeit, Ort, Einzelheiten) geändert und/oder seine Zielsetzung ausgeweitet oder eingeschränkt oder die Ausführung des beantragten Beschlusses teilweise oder ganz von einer oder mehreren Bedingungen abhängig gemacht oder dem Antrag eine ihn modifizierende oder erweiternde Bestimmung hinzugefügt werden soll.

Gegenanträge, das sind Anträge, die zu einem vorliegenden lediglich die direkte Gegenposition aufstellen, sind unzulässig. Zulässig sind jedoch solche Änderungsanträge, die den sachlichen Inhalt des Ursprungsantrags so stark verändern, dass sie inhaltlich einer Ablehnung des Ursprungsantrags gleichkommen.

Bei der Reihenfolge der Abstimmung sind Änderungsanträge (auch Ergänzungs- und Zusatzanträge) vor der Behandlung des Hauptantrages und weitergehende vor weniger weitergehenden zur Abstimmung zu stellen. Die Entscheidung liegt beim Sitzungsleiter.

Die faire und ordnungsgemäße Antragsbehandlung und die Abwicklung von Wahlen sind in langjähriger Tradition allgemeingültig festgelegt:

Die Behandlung von Sachanträgen ist wie bei Wahlen dreigeteilt:

• Ankündigung, Antragstellung
• Aussprache
• Abstimmung und Bekanntgabe

Den Ablauf als Flussdiagramm finden Sie zum Ausdrucken auf http://www.Zur-GO.de und in (Meier 2011). Hier finden sich auch zahlreiche Hinweise, wie die in diesem Essential vorgestellten Regeln gelegentlich zur Manipulation missbraucht werden und wie man dem begegnet.

Anträge werden im Rahmen der Tagesordnung behandelt. Um die Sachdiskussion nach abgrenzbaren TOPs, Themen oder Anträgen zu gliedern, ist es notwendig, die einzelnen TOPs formell „aufzurufen" und „abzuschließen".

Wenn bereits Anträge vorliegen, liest man sie vor, damit alle Teilnehmer über die „Antragslage", d. h. alle vorliegenden Anträge informiert sind.

Manche Satzungen lassen eine Behandlung nur zu, wenn die Anträge vorher schriftlich eingereicht wurden. Meist aber können Anträge spontan gestellt werden.

Üblicherweise wird die Aussprache über einen Antrag eingeleitet, indem der Antragsteller zur näheren Begründung das Wort erhält. Sodann wird nach Wortmeldungen anderer Teilnehmer gefragt und es entwickelt sich eine Diskussion.[15]

Ziel der Aussprache ist es, alle für die Beschlussfassung wichtigen Meinungen zu hören und ihr Gewicht in der Diskussion gegeneinander abzuwägen. Es ist also besonders wichtig, dass Kritiker und Befürworter des Antrags gleichberechtigt zu Wort kommen können.

Achten Sie auf die Zeit! Oft diskutieren – vor allem unerfahrene – Gremien in den ersten TOPs fast beliebig lange und geraten dann in Zeitnot – mit der Folge,

---

[15] Mit Diskussion und Debatte befasst sich (Meier 2011) und (Meier 2015).

dass in späteren TOPs wesentliche Entscheidungen nicht in der nötigen Tiefe diskutiert werden können.

Im Laufe der Aussprache werden vielleicht Ergänzungs-, Zusatz- oder Änderungsanträge gestellt. Am besten ist es, wenn der Versammlungsleiter oder der Protokollant per Laptop und Beamer die Anträge und ggf. Änderungen für alle Teilnehmer sichtbar „an die Wand werfen". Dann hat jeder stets vor Augen, was zur Abstimmung steht.

Übernimmt der Antragsteller des Hauptantrages eine vorgeschlagene Änderung, wird sie in den Antragstext übernommen.

Der Sitzungsleiter muss vor allem bei den spontan gestellten Anträgen auf klare Formulierungen achten und soll dabei gegebenenfalls Hilfestellung leisten: Ein Antrag muss unmissverständlich formuliert sein und sich eindeutig mit Ja oder Nein – Dafür oder Dagegen – beantworten lassen.

Der Sitzungsleiter muss auch bei jedem Antrag prüfen, ob er zulässig ist, der Antragsteller antragsberechtigt und die ggf. nötige Anzahl von unterstützenden Mitgliedern vorhanden ist.

Ein guter Sitzungsleiter wird schon in dieser Phase Anträge zusammenfassen und zu gliedern versuchen – meist wird das auch von den Beteiligten gern akzeptiert.

Die Meinungsbildung sollte vor der Abstimmung abgeschlossen sein; am Ende der Sachdiskussion muss klar sein, worüber nun abgestimmt werden soll.

Die Abstimmung muss klar von der Aussprache abgesetzt sein: Eine fehlende Ankündigung kann die Gültigkeit des Abstimmungsvorgangs in Frage stellen. Während der Abstimmung darf auch nicht mehr zu Begründung gesprochen werden – lediglich für Interpretationen des Antragstextes, zur Formulierung und für das Stellen von Zusatz- und Änderungsanträgen sind noch Wortmeldungen zulässig.

Der Versammlungsleiter trägt nun sämtliche vorliegenden Anträge zum laufenden TOP vor, also auch die spontan eingegangenen Änderungsanträge, soweit sie nicht vom Antragsteller des Hauptantrages übernommen wurden und lässt sie möglichst per Folie oder Beamer auf eine Leinwand projizieren.

Sodann gibt er etwaige Besonderheiten bekannt, wie z. B. Satzungsregelungen zu dieser Abstimmung (Mehrheiten, Fristen, Stimmrechtseinschränkungen, Abstimmungsmodus), und Verfahrensfragen (z. B. zwei Lesungen, d. h. Behandlung in zwei getrennten Sitzungen), und schlägt den Abstimmungsmodus vor (vgl. Kap. 6.2): Wenn nicht widersprochen wird, verfährt er entsprechend, andernfalls wird er seinen Vorschlag als „Verfahrensantrag" (vgl. S. 38) zur Abstimmung stellen.

Es ist üblich, dass der Abstimmungsmodus nach seiner Bekanntgabe und Billigung für die laufende Abstimmung nicht mehr geändert werden darf (d. h. beispielsweise ist ein GO-Antrag auf geheime Abstimmung danach nicht mehr zulässig). Sofern üblich, folgt nun die Beschlussempfehlung des Vorstands.

Mit der abschließenden Frage, ob es noch weitere Anträge gibt, wird die Liste der Änderungs- und Zusatzanträge geschlossen. Hier sollte man aber nicht dogmatisch vorgehen – Vorrang hat die Klarheit des schließlich zustande gekommenen Beschlusses – da sind (echte) Verbesserungsvorschläge stets willkommen.

Es sollte nun über die Hauptanträge und alle denkbaren Ergänzungen (Änderungs-, Ergänzungs- und Zusatzanträge) Klarheit bestehen, damit jeder genau weiß, worüber abgestimmt werden soll.

Über die Reihenfolge der Abstimmungen entscheidet allein der Sitzungsleiter anhand der im Folgenden angeführten Regeln.

Zuerst abgestimmt wird bei Sachanträgen zum gleichen Thema der weitestgehende Antrag. Das ist in der Regel derjenige, der

- sich von der Vorlage am weitesten entfernt,
- den bestehenden Zustand am meisten verändert,
- die größten Folgen nach sich zieht oder
- am weitesten in die Zukunft wirkt.

Ist diese Entscheidung nicht möglich, wird in der Reihenfolge des Eingangs abgestimmt.

Vor der Abstimmung über den Hauptantrag werden erst alle Anträge auf Abänderung oder Erweiterung des Hauptantrages (Änderungsantrag, Zusatzantrag) abgestimmt.

Hatte der Antragsteller des Hauptantrages die Änderung/Erweiterung übernommen, wird nicht mehr darüber abgestimmt. Allerdings kann, um faule Kompromisse zu vermeiden, von jedem Teilnehmer der ursprüngliche Antrag als „Änderungsantrag" erneut gestellt werden.

Der Änderungsantrag oder Zusatzantrag braucht nur die einfache Mehrheit – auch wenn für den Hauptantrag eine qualifizierte Mehrheit vorgeschrieben ist. Der Antragsteller des Hauptantrages hat dann aber üblicherweise das Recht, auf vorrangige Abstimmung über den nicht geänderten Antrag zu bestehen. Wird der dann angenommen, ist der mit der geringeren Mehrheit geänderte Antrag hinfällig.

Vor der Abstimmung über den Hauptantrag ist bei verwickelter Antragslage unbedingt erforderlich, den aktuellen Text des Antrags vor der eigentlichen Abstimmung noch einmal unmissverständlich bekannt zu geben.

Die für die folgende eigentliche Abstimmung verwendete Formel muss kurz, prägnant und eindeutig sein.

Es muss sichergestellt sein, dass die Tatsache der laufenden Abstimmung, der Inhalt des Antrags und das abzugebende Votum jedem Stimmberechtigten klar sind.

Die Reihenfolge der Frage ist üblicherweise Für – Gegen – Enthaltung, es sei denn, die Zahl der Gegenstimmen und Enthaltungen wird erwartungsgemäß sehr viel kleiner sein als die der Zustimmenden; dann ist es effektiver, zuerst die Nein-Stimmen und Enthaltungen abzufragen.

Eine von der Satzung vorgeschriebene oder per GO-Antrag erreichte Geheime Abstimmung ist etwas komplexer:

Der Versammlungsleiter erklärt, wie genau abzustimmen ist und lässt die – hoffentlich vorbereiteten – Stimmzettel an die Stimmberechtigten verteilen.

- Der Wille des Abzustimmenden muss zweifelsfrei festzustellen sein.
- Dies erfordert, dass der Sitzungsleiter sehr deutlich bekannt gibt, auf welche Weise abzustimmen ist.
- Das Geheimnis der Abstimmung muss gewahrt bleiben.
- Mehrfachzählungen müssen ausgeschlossen sein.
- Die Wertung von ungültigen Stimmen (zum Beispiel als Enthaltung) muss vor der Abstimmung festgelegt und bekannt sein.

Beim dann folgenden Einsammeln der Stimmzettel ist auf ordentliches Mischen zu achten, damit die Reihenfolge der Stimmzettel beim öffentlichen Auszählen nicht die geheime Abstimmung ad absurdum führt.

Der Sitzungsleiter ist nun verpflichtet zu fragen: „Hat jemand seinen Stimmzettel noch nicht abgegeben?" Erfolgt darauf keine Antwort, so muss er die Abstimmung förmlich abschließen, d. h. er muss sagen: „Die Abstimmung ist damit geschlossen". Danach werden keine Stimmzettel mehr angenommen.

Die verschiedenen Möglichkeiten der Auszählung sind in Kap. 6.4 ausführlich beschrieben.

An den Akt der Abstimmung schließt sich die Verkündung an, ob und mit welcher Mehrheit der Antrag angenommen oder abgelehnt ist. Das soll nicht nur die Neugier der Versammlung befriedigen, sondern ist ein wesentlicher Akt, der für die Wirksamkeit des Beschlusses entscheidend ist. So ist die Bekanntgabe eines Beschlusses im Wohneigentumsrecht und im Aktienrecht verbindlich, selbst wenn der Sitzungsleiter sich hinsichtlich der Mehrheit geirrt hatte. Aus diesem Grund ist es auch so wichtig, dass der Sitzungsleiter sicherstellt, dass der Beschluss wie verkündet im Protokoll erscheint.[16]

---

[16] BGH 23.8.2001 V ZB 10/01 Quelle NJW 2001, 3339 ff.

Wurde der Antrag abgelehnt, ist auch dies zu verkünden und zu dokumentieren. Denn auch der Ablehnung eines Antrags kommt Beschlussqualität zu: Mit der Ablehnung dokumentiert eine Mehrheit, dass sie die begehrte Änderung der gegenwärtigen rechtlichen Lage nicht wünscht. Demgemäß kann auch unter bestimmten Umständen die Ablehnung eines Antrags angefochten werden.[17]

Ist ein „weitergehender Antrag" angenommen worden, so erübrigt sich die Abstimmung der übrigen Anträge zum gleichen Gegenstand, sofern sie nicht andere Aspekte des Themas behandeln. Hierbei ist aber auf eine ordentliche Abgrenzung und auf Überschneidungsfreiheit zum beschlossenen Antrag zu achten.

Die Sachdiskussion kann nach der Abstimmung nur dann neu aufgenommen werden, wenn sich z. B. für keinen Antrag die nötige Mehrheit ergeben hat, eine Entscheidung aber zwingend erforderlich ist. Eine solche wiederaufgenommene Sachdiskussion muss förmlich eröffnet und geschlossen werden.

4.10 Der Tagesordnungspunkt „Verschiedenes"

In fast allen Tagesordnungen findet sich als letzter Punkt „Verschiedenes". Hier werden z. B. organisatorische Themen behandelt, der nächste Sitzungstermin und -ort verabredet und allgemeine Themen im Vorfeld – ohne Beschluss – besprochen.

Im TOP „Verschiedenes" dürfen keine Beschlüsse gefasst werden. Die Ankündigung „Verschiedenes" in der Tagesordnung lässt allenfalls die Behandlung von Angelegenheiten von untergeordneter Bedeutung zu.[18]

Der Sitzungsleiter ist gehalten, Sachanträge und -diskussionen nicht zuzulassen. Hier geben ihm ja seine Rechte (siehe Kap. 3) genügend Handhabe, auch gegen eine aktuell bestehende Mehrheit zu handeln.

4.11 Der einwandfreie Abschluss

Analog zur Eröffnung ist der formelle Abschluss der Sitzung wichtig. Dies muss durch eine entsprechende Ankündigung des Sitzungsleiters erfolgen. („Die Sitzung ist geschlossen.") Der Zeitpunkt muss im Protokoll festgehalten werden.

In ständig tagenden Gremien und Ausschüssen ist es gelegentlich Brauch, Sitzungen nur zu „unterbrechen". Auch eine solche „Unterbrechung" muss angekündigt und protokolliert werden.

---

[17] BGH ebd.
[18] BayObLG 5.4.1990=NJW-RR 1990, 784, OLG Hamm 8.12.92 NJW-RR 1993, 468.

Mit dem Schließen der Sitzung erlischt die Ordnungsmacht des Leiters, also auch sein Hausrecht und die Verantwortung für den ordnungsgemäßen Verlauf der Versammlung. Danach haben alle Handlungen der Versammelten, d. h. auch die eigenmächtige Fortsetzung der Sitzung, keine Rechtskraft. Wenn auch z. B. die gleichen Mitglieder wie zuvor weiter beisammen bleiben, haben etwaige Beschlüsse für den Verein keine Bedeutung. Die Wiedereröffnung einer geschlossenen Versammlung kann nur durch den Sitzungsleiter und nur dann erfolgen, wenn noch sämtliche Teilnehmer anwesend sind und der Wiedereröffnung zustimmen.

Das Schließen der Sitzung ist für den Sitzungsleiter bei Störungen, Gewaltaufrufen und dgl. oft das letzte und einzige Mittel, Unheil von sich und der Versammlung abzuwehren. Er ist zum Schließen der Sitzung verpflichtet, wenn er die Kontrolle über die Versammlung verloren hat und die sofortige Wiedererlangung nicht zu erwarten ist.

Spätestens mit dem Schließen der Sitzung werden die im Verlauf der Sitzung gefassten Beschlüsse wirksam, soweit dem nicht gesetzliche oder von der Satzung bzw. von der Sache her bedingte Hindernisse entgegenstehen.

Geschäftsordnungsanträge 5

▶   Ein „Antrag zur Geschäftsordnung" (GO-Antrag) ist das Begehren, das
   laufende Verfahren in einer in der Geschäftsordnung festgelegten
   Weise zu beeinflussen.

▶   Ein „Antrag zum Verfahren" ist dem GO-Antrag gleichgestellt, enthält
   aber keine Bindung an die (bestehende) Geschäftsordnung.

Eine geschriebene GO existiert oft nicht: Vielmehr werden meist bestimmte Ver-
fahrensweisen schon seit langer Zeit als Gewohnheitsrecht praktiziert und sind als
geltende Richtlinien allgemein anerkannt.

Doch wird auch die ausführlichste GO nicht alle Eventualitäten zu erfassen
imstande sein: Selbst der Deutsche Bundestag, der über eine sehr ausführliche
schriftliche Geschäftsordnung (Ritzel und Bücker o.J.; Roll 2001) verfügt, ist immer wieder veranlasst, Einzelangelegenheiten neu zu regeln.

In der täglichen Praxis von Parteiorganen, Vereinen und Gremien wird man sich
immer und überall auf die Regeln beziehen, wie sie im Folgenden und in den übrigen Kapiteln dieses Buches aufgeführt sind. Gelegentlich findet man sogar, dass
das Gewohnheitsrecht abweichend von den Regeln einer bestehenden schriftlichen
GO angewandt wird.

Leider werden gerade Geschäftsordnungsregeln nicht selten zur gezielten Manipulation des Ablaufs genutzt. Näheres dazu – und was man dagegen tun kann
– erfahren Sie in (Meier 2011).

© Springer Fachmedien Wiesbaden 2015
H. Meier, *Die Regeln der Geschäftsordnung,* essentials,
DOI 10.1007/978-3-658-09243-6_5

Antragsberechtigt ist jeder Teilnehmer, der Antrags- bzw. Stimmrecht besitzt.
Der Antrag ist an keine Fristen gebunden. Er wird durch das Heben beider Arme
angezeigt und ist vorrangig vor allen anderen Wortmeldungen und Sachanträgen
zu behandeln. Dem Antragsteller ist sofort nach Beendigung des laufenden Rede-
beitrags bzw. Verfahrens das Wort zu erteilen. Der Antrag kann begründet werden.
Es ist nur eine einzige Gegenrede erlaubt. Nach der Begründung der Gegenrede
erfolgt die sofortige Abstimmung über den GO-Antrag. Erfolgt keine Gegenrede,
so gilt der Antrag ohne Abstimmung als angenommen.

Der Sitzungsleiter kann jederzeit Vorschläge zum Verfahren machen und entsprechend verfahren. Protestiert allerdings einer der Stimmberechtigten gegen seinen Vorschlag, hat der Sitzungsleiter seinen Vorschlag wie einen Verfahrens- bzw.
GO-Antrag zu behandeln.

Gelegentlich wird ein „stillschweigend einvernehmliches Abweichen" von Satzung oder GO zugelassen, indem z. B. bei unproblematischen Wahlen einvernehm-
lich offen abgestimmt wird, obwohl die Satzung die geheime Wahl vorschreibt.
Dabei ist strikt darauf zu achten, dass dies keine Minderheitsrechte verletzt, weil
sonst eine Anfechtung (s. Kap. 6.5) gute Aussicht auf Erfolg haben könnte.

5.1   Behandlung von GO-Anträgen

Für Anträge zur GO erhalten die Antragsteller außerhalb der Rednerliste sofort
nach Abschluss des laufenden Beitrags das Wort. Das hat verfahrensökonomische
Gründe: So wäre es sinnlos, beispielsweise eine Sachdebatte weiterzuführen, wenn
die Mehrheit sie beenden oder vertagen will.

Sofern mehrere GO-Anträge gestellt werden, muss der Sitzungsleiter die Anträge in der Reihenfolge des Eingangs behandeln. Ausnahme: Wird die Beschlussfähigkeit angezweifelt, ist zuerst deren Überprüfung durchzuführen.

Sonstige Bestimmungen über die Reihenfolge von GO-Anträgen sind nur zu
beachten, wenn sie in der jeweils gültigen GO verankert sind, oder wenn die Reihenfolge sich aus der Sachlage eindeutig herleiten lässt.

Die Behandlung des „normalen" GO-Antrags ist meist unproblematisch. Den
Ablauf als Flussdiagramm finden Sie zum Ausdrucken auf http://www.ZurGO.de
und in (Meier 2011).

Der Antrag wird von einem der Teilnehmer formgerecht (Heben beider Arme)
gestellt, er wird vielleicht kurz die Gründe für den Antrag vortragen. Es ist nur ein
Redebeitrag zur Begründung zugelassen.

Es ist streng darauf zu achten, dass die Begründung keinen Beitrag zur Sache enthält, dass also der Redner nicht einfach die Gelegenheit nutzt, außerhalb der Rednerliste seine Meinung vorzutragen. In diesem Fall: Sofort unterbrechen und ermahnen, zur Sache, d. h. zur Begründung des GO-Antrages, zu sprechen.

Nun stellt der Leiter die Frage, „Erhebt sich Gegenrede?" Wenn sich darauf niemand meldet, ist der Antrag angenommen. Man wird sicherheitshalber (und für den Protokollanten) noch einmal die Sachlage feststellen – beispielsweise, „Damit ist die Frage der Neuanschaffung vertagt, bis der Etatplan vorliegt."

Meldet sich jedoch jemand per Handzeichen zur Gegenrede, so fragt man ihn, ob er seine Gegenrede begründen möchte. Das ist nicht erforderlich, wird aber meistens gewünscht. Achten Sie als Versammlungsleiter auch hier streng darauf, dass sich kein Sachbeitrag in die Begründung einschleicht.

Nachdem die Gegenrede ordnungsgemäß erfolgt ist, schließt sich sofort die Abstimmung an.

Falls nichts anderes in der Satzung oder der GO geregelt ist, reicht zur Annahme die einfache Mehrheit der Stimmen.

Zum Schluss gibt der Sitzungsleiter das Ergebnis der Abstimmung bekannt, damit jeder genau weiß, wie es weitergeht (z. B. „Der Antrag auf Vertagung ist abgelehnt, als nächster Redner hat Herr X das Wort.").

5.2 Inhalt von Geschäftsordnungsanträgen

Die im Folgenden aufgeführten GO- und Verfahrensanträge sind die in der Praxis üblicherweise vorkommenden.

Antrag auf.

1. Vertagung der Versammlung
2. Absetzen des Verhandlungsgegenstandes von der Tagesordnung
3. Übergang zur Tagesordnung
4. Nichtbefassung mit einem Antrag
5. Vertagung eines Verhandlungsgegenstandes
6. Verweisung an einen Ausschuss
7. Sitzungsunterbrechung
8. Schluss der Debatte bzw. Verzicht auf Aussprache oder Schluss der Rednerliste
9. Begrenzung der Redezeit
10. Verbindung der Beratung
11. Ausschluss der Öffentlichkeit
12. Vertraulichkeit der Beratung

13. Besondere Form der Abstimmung
14. Feststellung der Beschlussfähigkeit
15. (Wiederholung der) Auszählung der Stimmen
16. Worterteilung zur Abgabe einer persönlichen Erklärung
17. Erklärung außerhalb der Tagesordnung
18. Wiederaufnahme der Sachdiskussion

Darüber hinaus sind noch Verfahrensanträge denkbar, und „Protest-Anträge" zum Verhalten des Sitzungsleiters, wenn dieser einen persönlichen Angriff nicht von sich aus unverzüglich rügt (Ordnungsruf siehe Kap. 3), Formfehler begeht o. ä.
   Die oben genannten Anträge lassen sich in drei Kategorien zusammenfassen:

• Jetzt keine Entscheidung:
  (Anträge 1 bis 7)
• Keine Diskussion (mehr)
  (Anträge 8 bis 10)
• Zum Verfahren
  (Anträge 11 bis 14 und Verfahrensanträge)

Kategorie „Jetzt keine Entscheidung"

Das sind wohl die gebräuchlichsten GO-Anträge. Wird in der Diskussion klar, dass eine Angelegenheit noch nicht entscheidungsreif ist, weil beispielsweise wichtige Fakten nicht vorliegen, die Folgen eines Beschlusses nicht absehbar sind oder der Antrag einer erheblichen Überarbeitung bedarf, kann es richtig sein, die Entscheidung zu verschieben.
   Die einzelnen Arten der Verschiebung weisen gewichtige Unterschiede auf, wie die folgenden Erläuterungen zeigen.

1. Vertagung der Versammlung
   Die Sitzung insgesamt wird abgebrochen und zu einem (nicht) näher bezeichneten Zeitpunkt unter Einhaltung der satzungsgemäßen Vorschriften mit neuer Tagesordnung erneut einberufen.
2. Absetzen des Verhandlungsgegenstandes von der Tagesordnung
   Der Verhandlungsgegenstand wird von der TO gestrichen und nicht behandelt.
3. Übergang zur Tagesordnung
   Der laufende TOP wird ohne weiteres Handeln abgeschlossen.

4. Nichtbefassung mit einem Antrag

Über einen ordnungsgemäß eingebrachten Antrag wird nicht abgestimmt. Der Wortlaut des Antrages wird nicht ins Protokoll übernommen[1]. Was für einen kompletten TOP (wie im o.g. Antrag 3) eher selten vorkommt, wird bei einzelnen Anträgen häufiger praktiziert: Gelegentlich stellt sich in der Diskussion heraus, dass eine Stellungnahme oder ein Bescheid zu einer beantragten Sache – ganz gleich ob zustimmend oder ablehnend – mehr schaden als nutzen würde. Der GO-Antrag auf Nichtbefassung verhindert dann die unerwünschte Abstimmung.

5. Vertagung des Verhandlungsgegenstandes

Der Verhandlungsgegenstand (TOP oder Antrag) wird in der laufenden Sitzung nicht weiter beraten, sondern in der nächsten Sitzung erneut behandelt.

6. Verweisung an einen Ausschuss

Der Verhandlungsgegenstand wird an einen (im Antrag näher bezeichneten) Ausschuss zur Vorberatung, Klärung oder Überarbeitung verwiesen.

7. Sitzungsunterbrechung

Die Beratung des Verhandlungsgegenstands wird für einen – im Antrag festgelegten – Zeitraum unterbrochen. Die Rednerliste bleibt dabei in der Regel nach der Unterbrechung unverändert bestehen. Häufig wird – vor allem bei Unterbrechungen zur Schlichtung – nach der Pause zunächst den Sprechern der Fraktionen vorab zur Berichterstattung über das Verhandlungsergebnis das Wort außerhalb der Rednerliste erteilt.

Es ist in vielen politischen Bereichen Anstandspflicht, dem Wunsch einer Fraktion auf Sitzungsunterbrechung nachzukommen. So sind Sitzungsunterbrechungen bei festgefahrener Diskussion oder sehr knappen oder eher zufallsbedingten Mehrheiten eine wertvolle Möglichkeit, relativ rasch und ohne Prestigeverlust aller Beteiligten zu einem fairen, ausgewogenen Kompromiss zu kommen oder eine mit Gegen-, Zusatz- und Änderungsanträgen vollkommen unübersichtlich gewordene Antragslage zu klären.

Kategorie „Keine Diskussion (mehr)"

Die Anträge dieser Art sollen sinnlose Debatten abkürzen oder erschweren. Sie sind auch dann sinnvoll, wenn aufgrund der Stimmenverhältnisse klar ist, dass eine Diskussion keine Änderung mehr bewirken kann und daher eher Zeitverschwendung wäre.

---

[1] In manchen Gremien wird das nach Gewohnheitsrecht anders gehandhabt.

Ein allgemein anerkannter, aber oft vergessener Grundsatz ist, dass in Personaldebatten Anträge dieser Kategorie nicht zulässig sind, selbst wenn die Argumente sich wiederholen.

Es ist ein häufig geübter Brauch und gehört zu den „Anstandsregeln", dass Anträge dieser Art nur von einem Teilnehmer gestellt werden dürfen, der selbst noch nicht zur Sache gesprochen hat.

Die Geschäftsordnung des Deutschen Bundestages schreibt vor, dass ein Antrag auf Schluss der Aussprache frühestens zur Abstimmung gestellt werden darf, wenn jede Fraktion Gelegenheit hatte, zur Sache zu sprechen und von der jeweiligen Fraktionsauffassung abweichende Meinungen vorgetragen werden konnten. Ggf. sollte der Versammlungsleiter aufmerksam machen, wenn ein solcher Antrag zu früh kommt.[2][3]

8a. Schluss der Debatte

Die Diskussion über den Verhandlungsgegenstand wird abgeschlossen und anschließend sofort mit dem Abstimmungsverfahren begonnen.

Beim Antrag auf Schluss der Debatte ist es üblich, dass der Sitzungsleiter nach der Begründung des Antrags die Rednerliste verliest. So können die Teilnehmer besser entscheiden, ob sie doch noch weitere Redner hören wollen, indem sie den Antrag ablehnen. Ein neuer Antrag kann jederzeit wieder gestellt werden.

8b. Verzicht auf Aussprache

Der GO-Antrag „Verzicht auf Aussprache" wird vor Eröffnung der Diskussion gestellt. Er ist dann ggf. angebracht, wenn die Fronten ohnehin klar sind. Wird er angenommen, wird nach Ankündigung des Antrags ohne Sachdiskussion sofort zur Abstimmung übergegangen.

9. Schluss der Rednerliste

Die Rednerliste wird in der Zusammensetzung zum Zeitpunkt der Antragstellung abgeschlossen. Nach dem Beitrag des letzten Redners der Liste wird die Debatte geschlossen.

Dieser Antrag ist in vielen Geschäftsordnungen zu Recht nicht enthalten, denn er ist für alle Beteiligten problematisch, weil er der Manipulation Tür und Tor öffnet.

---

[2] § 71, Abs. 3 GO des Deutschen Bundestages (Roll 2001).

[3] Dies ist ein wesentlicher Bestandteil des Minderheitenschutzes in der parlamentarischen Praxis. Der Schutz der Minderheit geht nicht dahin, die Minderheit vor Sachentscheidungen der Mehrheit zu bewahren (Art. 42 II GG), wohl aber dahin, der Minderheit zu ermöglichen, ihren Standpunkt in den Willensbildungsprozess des Parlaments einzubringen (BVerfG 14.1.86 2BvE 14/83, 4/84=NJW 1986, 907).

Die Praxis ist bei diesem Verfahren uneinheitlich: Normalerweise bezieht der Antrag sich auf die Rednerliste zum Zeitpunkt der Anmeldung (also beim Heben beider Arme). Manchmal wird vor der Abstimmung aber noch einmal nach Wortmeldungen gefragt, die der Sitzungsleiter dann in einer mehr oder (meist) weniger zufälligen Reihenfolge aufnimmt.

Am günstigsten ist es, wenn Sie als Sitzungsleiter diesen Antrag als nicht zulässig zurückweisen können, weil er nicht in der GO steht. In diesem Fall verlesen Sie die Rednerliste und raten dem Antragsteller, zu gegebener Zeit den – ja jederzeit zulässigen – Antrag auf Schluss der Debatte zu stellen. Meist wird der sich damit zufrieden geben und Sie haben sich und den Teilnehmern potentiellen Ärger erspart.

10. Begrenzung der Redezeit
Die den folgenden Rednern im jeweiligen Tagesordnungspunkt für ihre Diskussionsbeiträge zur Verfügung stehende Zeit wird begrenzt.

Das Bundesverfassungsgericht hat dazu geurteilt, es könne „bei einer unbeschränkten Redezeit kein Parlament auf die Dauer arbeitsfähig bleiben, weil es sonst der Obstruktion jeder Minderheit und selbst einzelner Abgeordneter ausgeliefert wäre"[4]. Das gilt letztlich für jedes andere Gremium entsprechend. Es hat sich bewährt, mit der Zeitkontrolle einen Helfer zu beauftragen, der nach Ablauf klingelt. Diese organisatorische Trennung von Zeitsignal und Intervention des Sitzungsleiters ist für den Redner leichter zu ertragen.

Überschreitet ein Redner die per Beschluss festgelegte Redezeit, so ist er zunächst zu ermahnen. Kommt er danach nicht zügig zum Schluss, so muss ihm der Sitzungsleiter per Ordnungsruf (s. Kap. 3) das Wort entziehen. Er darf es ihm in derselben Aussprache zum selben Gegenstand nicht wieder erteilen[5].

Kategorie „Zum Verfahren"

Die Versammlung kann bestimmte Verfahrensangelegenheiten per Verfahrensantrag regeln.

11. Verbindung der Beratung:
Der anstehende Verhandlungsgegenstand wird mit einem anderen auf der TO stehenden Punkt gemeinsam beraten und abgestimmt.

---

[4] BVerfG 14.7.1959 2 BvE 2, 3/58=NJW 59, 1723.
[5] § 41 GO des Deutschen Bundestages (Roll 2001).

Erfahrene Sitzungsleiter greifen dies gern auf und übernehmen im Rahmen ihrer Ordnungsfunktion oder „per Akklamation" den Vorschlag. Nur wenn Widerspruch kommt, wird er ihn abstimmen lassen.

12. **Ausschluss der Öffentlichkeit**

Die Öffentlichkeit wird für die im Antrag bezeichnete Dauer von der Teilnahme an der Sitzung ausgeschlossen. Das Protokoll über diesen Teil der Sitzung ist der Öffentlichkeit nicht zugänglich zu machen.

Sofern eine ausführliche Debatte über diesen GO-Antrag erforderlich ist, so findet sie in nichtöffentlicher Sitzung statt. Die Wiederherstellung der Öffentlichkeit ist bekannt zu geben.

13. **Vertraulichkeit**

Die in der Sitzung bzw. einem Tagesordnungspunkt verhandelten Gegenstände sind nicht für die Öffentlichkeit bestimmt. Die Teilnehmer sind verpflichtet, über alle Informationen, die sie im vertraulichen Teil der Sitzung erhalten haben, Stillschweigen zu bewahren. Sofern ein Protokoll über den vertraulichen Teil der Sitzung geführt wird, ist es nur den Mitgliedern zugänglich zu machen.

14. **Besondere Form der Abstimmung**

Der anstehende Antrag wird in einer besonderen Weise zur Abstimmung gestellt. Der Antrag kann jederzeit innerhalb eines Tagesordnungspunktes, also nicht nur zu Beginn des Abstimmungsvorgangs gestellt werden. Detail zu den Abstimmungsverfahren finden Sie in Kap. 6.2.

Es muss geheim abgestimmt werden, wenn mindestens ein Stimmberechtigter dies verlangt – dieser Antrag erledigt alle anderen Anträge zur Form der Abstimmung.

15. **Feststellung der Beschlussfähigkeit**

Wenn mindestens ein Stimmberechtigter dies verlangt, muss der Sitzungsleiter die Anzahl der Stimmberechtigten ermitteln, und die Beschlussfähigkeit feststellen. Der Antrag kann jederzeit gestellt werden. Er hat Vorrang vor allen anderen GO-Anträgen. Eine Gegenrede oder eine Abstimmung über diesen Antrag ist nicht zulässig.

Zur Problematik der Beschlussfähigkeit siehe Kap. 4.2. Auch wenn der Antrag „jederzeit" möglich ist, wird er erst wirksam, wenn der Antragsteller das Wort erhält: Eine Abstimmung wird also nicht dadurch beeinflusst, dass während der Auszählung ein Teilnehmer beide Arme hebt und „Feststellung der Beschlussfähigkeit" ruft.

16. **(Wiederholung der) Auszählung**

Wenn mindestens ein Teilnehmer dies verlangt, hat der Sitzungsleiter durch geeignete Maßnahmen das festgestellte Abstimmungsergebnis so zu überprüfen, dass eine angemessene Kontrolle durch die Teilnehmer gewährleistet ist.

Der Antrag muss unmittelbar im Anschluss an eine Abstimmung gestellt und kann für jede Abstimmung nur einmal gestellt werden. Eine Gegenrede oder ein Abstimmen dieses Antrags ist nicht zulässig.

17. **Persönliche Erklärung**

Zu einer persönlichen Erklärung oder Richtigstellung ist jederzeit das Wort zu erteilen. Die persönliche Erklärung ist nur innerhalb des TOP zulässig, in dem die richtigzustellende Tatsachenbehauptung erfolgte. Es findet keine Aussprache zum Inhalt der Erklärung statt. Eine Gegenrede zum Antrag ist nicht zulässig.

18. **Erklärung außerhalb der Tagesordnung**

Mit einer solchen Erklärung vor Eintritt in die Tagesordnung, nach Schluss, Unterbrechung oder Vertagung, können Angelegenheiten zur Sprache gebracht werden, für die Tagesordnung und Geschäftsordnung keine Möglichkeit bieten.

Die GO des Dt. Bundestages begrenzt die Redezeit für eine solche Erklärung auf fünf Minuten. In der Alltagspraxis üblicher Gremien ist sie nicht gebräuchlich.

19. **Wiederaufnahme der Sachdiskussion**

Die laufende Verfahrensdebatte wird abgebrochen und das inhaltliche Verfahren zum laufenden TOP an der Stelle wieder aufgenommen, an der es wegen der Verfahrensdebatte unterbrochen worden war.

Gelingt es dem Sitzungsleiter nicht, eine unerfreuliche und fruchtlose GO-Debatte zu verhindern oder rasch zu beenden, dient dieser Antrag zur Beendigung dieses Zustandes. Alle vorliegenden GO-Anträge erledigen sich damit und werden nicht mehr behandelt.

Der Antrag kann auch sinnvoll sein, wenn sich nach der Abstimmung herausgestellt hat, dass ein unbedingt zu regelnder Punkt keine Mehrheit gefunden hat und nun erneut versucht werden soll, zu einer Lösung zu kommen.

Sonstige GO- bzw. Verfahrensanträge

Es gibt noch eine Reihe von anderen möglichen GO-Anträgen und Anträge zum Verfahren, die wie GO-Anträge zu behandeln sind. Die meisten dieser Anträge haben das Ziel, das Verfahren zu vereinfachen, zu beschleunigen oder transparenter zu machen.

Relativ häufig ist der Dringlichkeitsantrag oder Initiativantrag: Während der Abwicklung der Tagesordnung soll die (sofortige) Behandlung eines neuen TOP beantragt werden. Die GO sieht hierfür fast immer eine qualifizierte Mehrheit oder Einstimmigkeit vor. Sonst ist der Antrag unzulässig – siehe dazu Kap. 4.4, S. 13.

Die Erfolgswahrscheinlichkeit einer Anfechtung von Beschlüssen, die mit knappen Mehrheiten aufgrund von Dringlichkeitsanträgen gefasst wurden, ist hoch.

Abstimmungen und Beschlüsse

6

6.1 Die Abstimmung

Das Ziel der meisten hier behandelten Versammlungen ist es, Beschlüsse über Sachanträge zu fassen und über die Besetzung von Ämtern zu entscheiden.

► Die Abstimmung ist die förmliche Feststellung der kollektiven Willensbekundung zu einem Antrag. Sie ist an bestimmte Formen gebunden und muss vom Leiter der Versammlung ordnungsgemäß eingeleitet, durchgeführt und abgeschlossen werden.

Teilnahmeberechtigt an einer Abstimmung ist nur, wer das Stimmrecht hat.

Während der Abstimmung sind Wortmeldungen und das Einbringen von Anträgen nicht zulässig.

Anträge sind so abzustimmen, dass zur eindeutigen Willenserklärung eine der folgenden drei Äußerungen möglich ist:

- Äußerung *für* den Antrag
- Äußerung *gegen* den Antrag
- Enthaltung (= keine Entscheidung zu dem Antrag)

© Springer Fachmedien Wiesbaden 2015
H. Meier, *Die Regeln der Geschäftsordnung,* essentials,
DOI 10.1007/978-3-658-09243-6_6

6.2   Abstimmungsverfahren

Im Laufe der Zeit haben sich – vor allem aus Effizienzgründen – bestimmte Formen herausgebildet, wie Abstimmungen durchgeführt werden. Für manche Verhandlungsgegenstände (z. B. Personalentscheidungen, Wahlen) schreiben Gesetz, GO oder Satzung bestimmte Formen der Abstimmung vor.

Die geheime Abstimmung

Der Stimmberechtigte gibt seine Willenserklärung auf einem verdeckten Stimmzettel ab, so dass seine individuelle Entscheidung den übrigen Teilnehmern verborgen bleibt.

Auf Verlangen eines einzigen Stimmberechtigten ist eine Abstimmung oder Wahl auch dann geheim durchzuführen, wenn alle anderen Stimmberechtigten dagegen sind. Das ist Gewohnheitsrecht.

Eine geheime Abstimmung wird nicht dadurch ungültig, dass einige oder alle Mitglieder ihren Stimmzettel offen kennzeichnen; sie kann aber ungültig sein, wenn nachzuweisen ist, dass ein verdecktes Abstimmen nicht möglich war.

Die offene Abstimmung

Der Stimmberechtigte teilt auf Anfrage des Sitzungsleiters durch eine allgemein erkennbare, zuvor vereinbarte Handlung (z. B. durch Heben der Hand oder der Stimmkarte) seine Willenserklärung mit.

Sie ist die bevorzugte Abstimmungsform, da ihr Ablauf klar und einfach ist und alle Vorgänge jederzeit kontrollierbar sind.

Weitere Formen der offenen Abstimmung sind:

Abstimmung per Akklamation

Die Stimmberechtigten geben ihre Zustimmung dadurch zu erkennen, dass sie auf die Aufforderung der Sitzungsleitung, Einwände zu erheben, nicht reagieren

Der Sitzungsleiter fragt nach Einwänden und, wenn keine vorliegen, gilt der Antrag als angenommen. Diese Form wird sehr häufig bei Routinefragen und unstrittigen Anträgen gewählt, weil sie wenig Aufwand und Zeit erfordert.

En-bloc Abstimmung

Mehrere Anträge werden in einem der genannten Verfahren gemeinsam abgestimmt. Diese Form der Abstimmung ist nur zulässig, wenn kein Stimmberechtigter widerspricht und das Abstimmungsverfahren, die für die Annahme erforderlichen Mehrheiten und die Art der Anträge eine Gleichbehandlung zulassen.

Sammelabstimmung (bei Wahlen)

Über mehrere Kandidaten wird in einem der genannten Verfahren in einem Durchgang abgestimmt. Es kann dabei bestimmt werden, wie viele Kandidaten mindestens und/oder wie viele höchstens zu wählen sind.

Meinungsbild

Die Stimmberechtigten (manchmal auch alle Anwesenden) geben ihr Votum ohne Rechtskraft ab, um so mehrere Entscheidungsvarianten abzugrenzen oder um die Entscheidung auf eine breitere Basis zu stellen. Ziel ist also nicht ein bindender Beschluss.

Vor allem in komplexen Entscheidungslagen und bei diffusen Mehrheitsverhältnissen kann das Instrument „Meinungsbild" ausgesprochen hilfreich sein. Liegen z. B. mehrere Anträge mit ähnlichem Tenor vor, wird so recht einfach ermittelt, was am ehesten Zustimmung finden könnte. Und das wird dann förmlich abgestimmt.

Namentliche Abstimmung

Die Stimmberechtigten werden von der Sitzungsleitung einzeln aufgerufen und geben ihre Willenserklärung offen zu Protokoll.

Der Antrag auf namentliche Abstimmung wird benutzt, um die eigene oder gegnerische Haltung zu einem brisanten Thema öffentlich zu machen und nachweisbar festzuhalten. Einige Vereinssatzungen schreiben für die Neuaufnahme von Mitgliedern die namentliche Abstimmung vor, um so zu demonstrieren, dass „alle" diesen Kandidaten als Mitglied wollten.

Um auch außerhalb von Sitzungen eine Meinungsbildung zu ermöglichen, erlauben manche Satzungen die

Abstimmung im Umlaufverfahren

Die Stimmberechtigten geben ihr Votum zu einem Beschluss außerhalb einer Versammlung schriftlich ab, sofern Gesetz und Satzung diese Form der Abstimmung zulassen. Für Vereine und nach dem Wohneigentumsgesetz (WEG) ist in diesem Fall Einstimmigkeit aller Mitglieder vorgeschrieben, sofern die Satzung nichts anderes regelt[1].

Sie ist kleineren Gremien und Vereinen vorbehalten, die termingebundene Entscheidungen treffen müssen, aber nur selten tagen oder deren Mitglieder weiträumig verteilt wohnen, so dass eine Versammlung nur mit hohen Kosten möglich ist. Die einschlägige Rechtsprechung bezieht sich demnach auch überwiegend auf das Wohneigentumsrecht[2]. Einzelheiten finden sich in (Meier 2011).

6.3 Stimmrecht

▶   Stimmberechtigt ist, wer aufgrund Satzung oder Gesetz nachweislich
     das Recht hat, an Wahlen und Abstimmungen mit Entscheidungsbe-
     fugnis teilzunehmen.

Der Versammlungsleiter muss darauf achten, dass nur Stimmberechtigte an den Abstimmungen teilnehmen – so könnte das Stimmrecht eines Mitglieds z. B. infolge Beitragsrückstandes ruhen, sofern die Satzung dies vorsieht.

Ein Mitglied eines Vereins ist in allen Fällen nicht stimmberechtigt, in denen die Beschlussfassung ein Rechtsgeschäft mit ihm oder die Einleitung oder Erledigung eines Rechtsstreits zwischen ihm und dem Verein betrifft (§ 34 BGB). Dazu gehört insbesondere die Entlastung und die Beschlussfassung über den eigenen Ausschluss[3], nicht aber die eigene Wahl.

Nimmt jemand als Vertreter eines Stimmberechtigten an einer Sitzung mit Stimmrechtsübertragung teil, so richtet sich sein Stimmrecht insoweit danach, ob dieses Mitglied selbst sein Stimmrecht ausüben dürfte[4].

---

[1] § 32 Abs. 2 in Verbindung mit § 40 BGB bzw. § 23 Abs. 3 WEG.
[2] Hierzu ausführlich Röll, WE 1991, 308 und (Röll und Sauren 2007), Rz. 252 ff.
[3] OLG Stuttgart WM 1989, 1252/1253.
[4] § 34 BGB bleibt unberührt.

Eine Stimmrechtsübertragung oder Vertretung mit Stimmrecht ist in Vereinen nur dann zulässig, wenn sie in der Satzung ausdrücklich[5] vorgesehen ist (§ 38 i. V. m. 40 BGB). Regelmäßig mit Stimmrechtsvollmachen wird im Aktienrecht (Hauptversammlung) und Wohneigentumsrecht (Eigentümerversammlung) gearbeitet.

In Zweifelsfällen wird man die einschlägigen Kommentare zum Vereinsrecht, Wohneigentumsrecht etc. heranziehen müssen.

6.4 Auszählen

▶ Auszählen ist die zahlenmäßige Erfassung des Abstimmungsergebnisses.

Zwei Kriterien sind für die Auszählung von Bedeutung:

- Jede Stimme muss eindeutig erkannt und darf nur einmal erfasst werden.
- Bei der Erfassung muss die Stimmberechtigung überprüfbar sein.
  In kleinen Gremien ist dies unproblematisch: Das Stimmrecht eines jeden Teilnehmers ist der Sitzungsleitung bekannt oder zuvor nachgeprüft worden, Fremde würden sofort auffallen.

Unabhängig von der Zahl der Stimmberechtigten bieten die namentliche und geheime Abstimmung sich als die sicherste und genaueste Art der Auszählung an: Die Prüfung der Stimmberechtigung ist in das Abstimmungsverfahren integriert, das Ergebnis ist jederzeit reproduzierbar.

Zu zählen sind grundsätzlich:

- Die Zahl der abgegebenen Stimmen
- Die Zahl der gültigen Stimmen
- Die Zahl der ungültigen Stimmen
- Die Zahl der auf die jeweils möglichen Voten entfallenden Stimmen (Ja, Nein, Enthaltung)

---

[5] Dies gilt nicht, wenn der gesetzliche Vertreter (Erziehungsberechtigter) eines nicht oder beschränkt geschäftsfähigen (z. B. minderjährigen) Mitglieds eines Vereins das Stimmrecht ausübt.

Die ermittelten Ergebnisse sind auf ihre Stimmigkeit hin zu prüfen:

- Abgegebene Stimmen = Summe der gültigen und ungültigen Stimmen
- Gültige Stimmen = Summe der Voten (Ja, Nein, Enthaltung)

In großen Versammlungen kann das Auszählen bei offener Abstimmung etwas schwierig sein. Folgende Verfahren sind üblich:

- Die Stimmabgabe erfolgt per Handzeichen (Heben der Stimmkarte). Die Mehrheitsverhältnisse werden vom Sitzungsleiter geschätzt.
- Bei fraktionsweiser Abstimmung und bekannten aktuellen Fraktionsstärken: Es wird nach abweichendem Stimmverhalten Einzelner gefragt und dann die Fraktionsstärken unter Berücksichtigung solcher „Abweichler" addiert.
- Jeweils zwei Personen (wegen der Gegenkontrolle) zählen reihen- oder blockweise aus; die einzelnen Ergebnisse werden addiert.
- Die Flügelmänner der einzelnen Sitzreihen zählen die Anzahl der in den Reihen jeweils abgegebenen Stimmen und geben sie auf Befragen dem Sitzungsleiter an. Die Ergebnisse werden addiert.
- Hammelsprung: Alle Stimmberechtigten verlassen zur Abstimmung den Saal und betreten ihn (evtl. bei gleichzeitiger Prüfung von Stimmberechtigung und Identität) wieder durch mit „Ja", „Nein" und „Enthaltung" gekennzeichnete Türen. Hat der Sitzungssaal keine drei Türen, so werden seine Ecken mit „Ja" – „Nein" – „Enthaltung" bezeichnet und die dort versammelten Teilnehmer gezählt. Der Sitzungsleiter hat die Zeit für einen derartigen Vorgang genau bekannt zu geben und den Abstimmungsvorgang pünktlich zu schließen.

Im vorigen Kapitel wurde schon darauf hingewiesen, dass der Abstimmungsvorgang formal eingeleitet und formal als abgeschlossen erklärt werden muss. Darauf ist vor allem bei den komplizierten Auszählungsvorgängen zu achten, die eine gewisse Zeit in Anspruch nehmen.

Nach Eröffnung der Abstimmung dürfen weder Anträge gestellt werden, noch sind Wortmeldungen möglich. Wenn ein Stimmberechtigter während eines laufenden Abstimmungsvorgangs den Sitzungssaal betritt, ist er berechtigt, an der Abstimmung teilzunehmen, kommt er (nach entsprechendem GO-Antrag) erst zur Wiederholung der Auszählung, allerdings nicht (vgl. Kap. 5.2 Ziffer 16).

6.5 Gültigkeit und Anfechtung von Beschlüssen

Beschlüsse (z. B. der Mitgliederversammlung eines rechtsfähigen Vereins) sind als Rechtsgeschäfte anzusehen, für die die allgemeinen Regeln des BGB gelten.

Die Materie ist komplex, ihre Behandlung kann im Rahmen dieses Buches daher nur rudimentär sein; es wird auf die entsprechende Literatur – zum Vereinsrecht insbesondere (Reichert 2009) verwiesen.

Hinsichtlich der Gültigkeit von Beschlüssen ist zu unterscheiden zwischen nichtigen und anfechtbaren Beschlüssen.

Ein Beschluss ist nichtig, wenn er nicht rechtmäßig zustande gekommen ist. In der Wirkung ist das dann so, als sei er überhaupt nicht gefasst worden. So können sämtliche Beschlüsse einer Sitzung nichtig sein, wenn bei der Einberufung ein wesentlicher Formverstoß (Einladender, Form, Frist, Verteilung) vorliegt. Einzelne Beschlüsse sind beispielsweise dann nichtig, wenn der Antrag als solcher bereits unzulässig war, gegen zwingende gesetzliche oder wichtige Vorschriften von Satzung, GO, Gesetz oder allgemeiner Übung verstoßen wurde und dieser Verstoß für das Ergebnis erheblich war.[6]

Anfechtbar können Beschlüsse sein, wenn bei der Beschlussfassung Formvorschriften nicht eingehalten wurden, z. B. wenn der Beschlussgegenstand in der Tagesordnung nicht angekündigt wurde oder wenn in der Einladung genannte Zeitfestlegungen nicht eingehalten worden sind. Anfechtbar sind auch Beschlüsse, bei denen ein in der Satzung verbrieftes Minderheitsrecht nicht beachtet wurde. Nach erfolgreicher Anfechtung ist ein Beschluss unwirksam – als ob es ihn nie gegeben hätte. Der anfechtbare Beschluss bleibt aber – anders als ein nichtiger – gültig, bis er ggf. beseitigt ist.

Gibt der Verein, d. h. die Mitgliederversammlung oder das zuständige Organ der Anfechtung nicht statt, so steht der Rechtsweg offen. Die gerichtliche Nachprüfung eines vereinsrechtlichen Ausschließungsbeschlusses ist nur zulässig, wenn das Mitglied die satzungsmäßigen Rechtsmittel ausgeschöpft hat.[7]

---

[6] Ein fehlerhafter GO-Beschluss ist selbst nicht anfechtbar, wohl aber ein dadurch beeinflusster inhaltlicher Beschluss, wenn der Verstoß gegen die GO für die Beschlussfassung relevant war. BayObLG NJW-RR 1987, 1363; zur Relevanz s. BGHZ 149, 158 NJW 2002, 1128.

[7] OLG Köln, NJOZ 2006, 2194.

Die Mehrheit

Das Wort „Mehrheit" allein ist nicht eindeutig: Man unterscheidet jeweils die Mehrheit

- aller Stimmberechtigten oder
- aller anwesenden Stimmberechtigten oder
- aller abgegebenen oder
- aller gültigen Stimmen.

In der Satzung oder Geschäftsordnung kann die „Qualität" der Mehrheit geregelt sein. Hierfür werden folgende Fachbegriffe verwendet:

- Einstimmigkeit:
  Sämtliche (anwesenden) Stimmberechtigten stimmen ausdrücklich zu. (Keine Nein-Stimmen, keine Enthaltungen)
- Einmütigkeit:
  Der Beschluss wird ohne Gegenstimmen (bei Enthaltungen) gefasst.
- Qualifizierte Mehrheit (Beispiel: 2/3-Mehrheit):
  Mindestens der angegebene Anteil stimmt zu.
- Absolute Mehrheit:
  Mehr als die Hälfte der (anwesenden) Stimmberechtigten stimmt zu, also mehr als die Summe der Nein-Stimmen und Enthaltungen.
- Einfache Mehrheit:
  Mehr zustimmende als ablehnende Stimmen bzw. mehr als die Hälfte der abgegebenen gültigen Stimmen (Enthaltungen zählen dabei nicht mit).

© Springer Fachmedien Wiesbaden 2015
H. Meier, *Die Regeln der Geschäftsordnung*, essentials,
DOI 10.1007/978-3-658-09243-6_7

- Relative Mehrheit:
  Der Vorschlag (Kandidat) mit den gegenüber den anderen meisten Stimmen gilt
  als angenommen.

- Stimmengleichheit:
  In diesem Fall gilt der Antrag, sofern die Satzung nichts anderes vorsieht, als
  abgelehnt. (Analogie: beim Skatspiel gilt auch das Spiel 60:60 als verloren.)
  Manchmal sieht die Satzung vor, dass die Stimme des Vorsitzenden den Aus-
  schlag gibt.

Das Vereinsrecht (und die analoge Anwendung in anderen Bereichen) bestimmt:
Es entscheidet die Mehrheit der erschienenen Mitglieder (§ 32, Ziff. 2, Satz 3
BGB). Die Satzung kann jedoch eine andere Regelung vorsehen.

Problematisch kann auch die Bewertung von Stimmen und Stimmzetteln sein:
Immer wieder führt es in der Praxis zu Diskussionen, wie Enthaltungen und leere
Stimmzettel zu bewerten sind, ob also bei der Ermittlung der Mehrheit

- ungültige Stimmen,
- Stimmenthaltungen,
- an der Abstimmung sich nicht beteiligende Mitglieder und
- Mitglieder mit ruhendem Stimmrecht

mitzurechnen sind oder nicht. Der Bundesgerichtshof hat diese Frage dahingehend
entschieden, dass bei der Beschlussfassung im Verein die Mehrheit nur nach der
Zahl der abgegebenen Ja- und Nein-Stimmen zu berechnen ist; Enthaltungen und
ungültige Stimmen sind nicht mitzuzählen[1]. Dementsprechend zählen auch etwa
anwesende Mitglieder mit ruhendem Stimmrecht nicht mit, da sie sonst wie Nein-
Stimmen wirken würden.

Soll die Stimmenthaltung dennoch entgegen der Regel die Bedeutung einer
Nein-Stimme haben, so muss dies aus der Satzung so eindeutig ablesbar sein, dass
das einzelne Vereinsmitglied über die Bewertung seines Abstimmungsverhaltens
bei vernünftiger Würdigung des Satzungswortlauts nicht im Zweifel sein kann.[2]

Entscheidungshilfe zur Gültigkeit von Stimmzettel, leeren Umschlägen und
ähnlichen Zweifelsfällen gibt (Meier 2011).

---

[1] BGH 12.1.1987 II ZR 152/86=NJW 87,2430 (grundsätzlich); BGH 08.12.1988 V ZB
3/88=NJW 89, 1090; OLG München, NJW-RR 2008, 993.
[2] ebd. und BGH, 25.1.1982 II ZR 164/81=NJW 82, 1585.

Mut-Mach-Nachwort

8

Dieses Buch (und erst recht seine Langfassung) hat einen Anspruch: Neulingen im demokratischen System zu helfen, den taktischen Vorteil der „Alten Hasen" zu beseitigen, der in der Kenntnis der hier vorgestellten Regeln liegt.

Wie an der Seitenzahl zu erkennen ist, muss man so viel überhaupt nicht wissen, um „auf Augenhöhe" mit den Erfahrenen agieren zu können.

Sind Sie Mitglied eines Vereins? Dann beenden Sie ihr Karteileichen-Dasein und gehen einfach mal zur Mitgliederversammlung! Hören Sie zu, beobachten Sie, wer redet und ob er Zustimmung findet; versuchen Sie zu erraten, wer seiner Ansicht ist und wer nicht.

Bald werden Sie wahrscheinlich schon die ersten Anzeichen einer Struktur entdecken: Bestimmte Leute, die (fast) immer der gleichen Meinung sind, Einzelne, deren Wort besonderes Gewicht zu haben scheint und andere, denen offenbar kaum jemand richtig zuhört.

Das kann spannend sein: Schon im Verlauf dieser ersten Orientierungsphase werden Sie Diskussionen und die Abläufe anders erleben als zuvor. Vielleicht erliegen Sie dann schon dem Reiz dieses Spiels mit den Regeln der Geschäftsordnung, die trotz aller Nüchternheit das pralle Leben widerspiegeln können.

Letztlich lernt man nur in der Praxis, sich gewandt und sicher auf dem mitunter schwierigen Gebiet zu bewegen: Erfahrung ist auch hier (fast) alles, und je mehr man lernt, umso schöner wird es sein, souverän mit den Regeln umzugehen und zu erleben, wie gut austariert dieses alte Regelwerk dafür sorgt, das lebendige Demokratie funktioniert.

© Springer Fachmedien Wiesbaden 2015
H. Meier, *Die Regeln der Geschäftsordnung,* essentials,
DOI 10.1007/978-3-658-09243-6_8

Was Sie aus diesem Essential mitnehmen können

- Dass Sitzungen und Versammlungen nach bestimmten Regeln ablaufen
- Wie Sie als Versammlungsleiter diese Regeln anwenden
- Wie Sie als Teilnehmer darüber wachen, dass alles mit rechten Dingen zugeht
- Wie Geschäftsordnungsanträge formal korrekt abgewickelt werden
- Also: Wie Sie – ob als Leiter oder Teilnehmer – in Gremien, Versammlungen und Sitzungen erfolgreich agieren.

© Springer Fachmedien Wiesbaden 2015
H. Meier, Die Regeln der Geschäftsordnung, essentials,
DOI 10.1007/978-3-658-09243-6

Literatur

Burhoff, Detlef. 2014. *Vereinsrecht*. Herne: Verlag Neue Wirtschafts-Briefe.

Dietel, Alfred, Gintzel, Kurt und Michael, Kniesel. 2009. *Demonstrations- und Versammlungsfreiheit*. Köln: Heymanns

Kelber, Magda. 1977. *Gesprächsführung*. Opladen: Leske & Budrich

Mayer, Markus, et al. 2014. *Politische Parteien verwalten und gestalten*. Createspace.

Meier, Hermann. 2011. *Zur Geschäftsordnung*. Wiesbaden: VS-Verlag für Sozialwissenschaften. (Dieses Essential basiert auf dem – erstmals 1976 erschienenen – Buch „Zur Geschäftsordnung", in dem die Regeln der Sitzungsleitung, der Geschäftsordnung und der Diskussionsführung beschrieben und auch Manipulationsgefahren und ihre Abwehr behandelt werden).

Meier, Hermann. 2015. *Diskussion und Debatte*. Wiesbaden: VS-Verlag für Sozialwissenschaften.

Ott, Sieghart. 2002. *Vereine gründen und erfolgreich führen*. München: dtv

Ott, S., und H. Wächtler. 2010. *Gesetz über Versammlungen und Aufzüge (Kommentar)*. Stuttgart: Boorberg

Palandt. 2014. *Bürgerliches Gesetzbuch, Kurzkommentar*. München: Beck

Rauch, I., und H. Schnüttgen. 2013. *Die Gesellschafterversammlung der GmbH*. Berlin: Schmidt

Redeker, Ricarda. 2012. *Die korrekte Anrede im öffentlichen Leben*. Köln: Bundesanzeiger

Rehn, E., und U. Cronauge. o. J. *Gemeindeordnung für das Land Nordrhein-Westfalen, Kommentar (Loseblattsammlung)*. Siegburg: Reckinger

Reichert, Bernhard. 2009. *Handbuch des Vereins- und Versammlungsrechts*. Neuwied: Luchterhand

Ritzel, Bücker. o. J. *Handbuch für die Parlamentarische Praxis (Loseblattsammlung)*. Neuwied: Luchterhand

© Springer Fachmedien Wiesbaden 2015
H. Meier, Die Regeln der Geschäftsordnung, essentials,
DOI 10.1007/978-3-658-09243-6

Röll, L., und M. Sauren. 2007. *Handbuch für Wohnungseigentümer und Verwalter*. Köln: Schmitt

Roll, Hans-Achim. 2001. *Geschäftsordnung des Deutschen Bundestages Kommentar*. Baden-Baden: Nomos

Waldner, W., und E. Sauter. 2010. *Der eingetragene Verein*. München: Beck

Weitere und aktuelle Literatur finden Sie im Internet unter www.ZurGO.de

Sachverzeichnis

© Springer Fachmedien Wiesbaden 2015
H. Meier, Die Regeln der Geschäftsordnung, essentials,
DOI 10.1007/978-3-658-09243-6

Printed in the United States
By Bookmasters